チームヒューマン

企業でもなく 国家でもなく

ダグラス・ラシュコフ

堺屋七左衛門 訳

え・ヘロシナキャメラ

VOYAGER

日本の読者のみなさまへ

チームヒューマンとは――

人間がもっと機械に介入しようと呼び掛ける宣言です。

人間が人間であることの価値を認め合おうとする主張です。

人間がつながりや、信頼、一体感を分かち合うことを称えます。

人間が自主性を取り戻すために、住みたいと思う世界を作るため、一緒に踏み出していくあなたに向けて書かれたものです。

この本で私が述べているのは、人間は本来、社会的な生き物であるということです。そして、私たちが個人としてではなく、本来の姿であるチームとして一緒になって努力すれば、最大の目標を達成できるということです。それがチームヒューマンです。

技術、社会制度、そして、さまざまな条件が絡み合って、私たちの社会は危機に直面しています。つながりを持とうという人間の能力は弱体化しています。通貨は、交換の手段から今では他人から金を奪い取る手段になっています。教養を高める教育は、今や人材供給の製造ラインになってしまいました。インターネットは、人が一緒になって想像力を生み出していく拠点として期待されましたが、今では分断、細分化されて、過激化した小さなグループへと追いやるものになっています。

技術が人の能力を高めるのではなく、人間を支配するために技術が使われています。高度に工業化されたこの社会では、使えるか、使えないかで人を判断します。従業員の価値なのか、お客としての市場価値なのかで人を見ているのです。人を機械のごとく扱います。録音された歌手の声を完璧な音程に自動調整して個性を失わせています。スマートフォンを好みに合わせて学習させることによって、私たちの選択が操作されています。行動を予測して機械のように仕向けられていきます。私たちはもう謎を秘めた独自の存在などではありません。

だからこそ、私は強く呼び掛けるのです。お互いの価値を認め合い、つながろうとする私たちの気持ちを勇気付けていけば、より大きな幸福、生産性、心の平穏を実現できると、この本は書いています。みんなが基本的な真理を理解し人間性を取り戻せば、この世界を人間らしく生きられるより良い場所にすることができます。

それは容易なことではありません。なぜなら、この世界の市場や技術には、人間性に反する考えと計画が組み込まれているからです。人がお互いにつながる手段を分断と抑圧の手段に変えています。企業は、そして企業が生み出す文化は、人と人の協力を見ようとせずに個人主義を応援しています。これによって、持続可能性という課題は脅かされていきます。経済的な持続だけでなく、生物的な種としての人間の持続可能性までも。

デジタル時代の技術は、この傾向をより強化していきます。人間の社会性は弱体化され、集団として人間が相互に保ってきた自主性は極めて大きな危機に向かい合っています。ロボットが仕事を奪い、アルゴリズムが私たちの関心の方向性を指図し、ソーシャルメディアが民主主義に影響を及ぼしています。

本書は、そこに作用している考えと計画を明らかにします。そして、人間の終末ではなくて、人間の目標へ向かうように社会を作り直したいと考える仲間に、あなたが加わるように呼び掛けています。

消滅へ向かって、自分を機械のように自動化するスイッチを押すまでには、幸運なことに、まだ考え直す時間があります。毎日のあらゆる行動において、私たちは人間性を取り戻して、共同体の精神を再構築しなければなりません。その手始めとして、人間本来の社会的な性質に従って、つながりを作り、急進する技術的環境においても人間の居場所を確保する必要があります。人間として生きることはチームスポーツである、と理解している人々との一体感を構築する必要があります。

今こそチームヒューマンの仲間を見つけるときです。

２０２１年３月12日　ダグラス・ラシュコフ

1章　チームヒューマン

——あなたの声が聞こえてきます

1 こんなことになるはずではなかった

機械が自分で勝手に考えてしまうような技術、上がったり下がったり目まぐるしく変動する経済市場、人間自身を攻撃するような武器と化したメディア、こうした現実に直面して、私たちの社会は崩壊してしまったように見えます。人間の建設的な考え、問題解決のための人間社会にとって意味のあるつながり、目的にかなった行動能力がまひしつつあります。人類の存亡に関わる問題を解決しようという意志の力、そして協力して事に当たる能力は失われてしまい、文明そのものが破滅の際に立たされているように思われます。

こんなことになるはずではなかったのに。

2 社会を作り直すために

どうしてこうなってしまったのかと誰もが思います。人類全体がバラバラに孤立し、無力化していくのは、偶然の変化なのでしょうか。いいえ、そうではありません。このような状態に陥ってしまったのは、理由があります。私たちの技術、市場、さらには、学校、宗教、市民権、メディアなどの文化的な制度にもともと含まれている非常に矛盾した問題、つまり、人間が作り出したもののはずなのに、人間そのものに敵対してしまうような、人間自身が気付かないうちに作り上げてきた策略（アジェンダ）です。これによって、人間のつながりや表現のための力が、逆の方向に、つまり一種の孤立と抑圧のための力に変わってしまったのです。

この策略とは何なのでしょう？

この問題を明るみに出すことができれば、私たちの能力・機能を止めてしまうという動きを乗り越えて、お互いのつながりを修復し、人類の終わりなどではなく人類の目標に向かって社会を作り直す能力を取り戻すことができるでしょう。

3　人間のチームスポーツ

この状況を逆転するための第一歩は、人間として生きることはチームスポーツなのだと考えることです。私たちは、一人では完全な人間として生きていけません。私たちをお互いに結びつけているものは、全て人間性を育んでくれるはずです。同様に、私たちを分断するものは、人間性を損ない、個人でも、集団でも、何かを行おうとする能力を損なってしまうのです。

私たちは、社会的なつながりに基づいて、進むべき方向を決め、お互いの存在を認め合い、生きる意味や目的を見つけ直します。これは奇抜な考え方ではなく、生物としてもともと備わっているものです。組織やコミュニティーから切り離された人々は、多くの場合、衰退していきます（原注1）。

人間は、たとえば、食料を見つける、あるいは他の動物から食べられてしまうことから逃れる、というような共通の目標のためにお互いにつながりを作ることがあります。しかし、自分自身のためであっても、他者と親しく交流したり、意思疎通する場合もあるのです。信頼関係ができるにつれて、強さ、喜び、生きる目的が得られます。あなたはそこにいますか。はい！　あなたの声が聞こえてきます。

あなたは一人ではないのです。

4 メディアが損なうもの

私たちは、さまざまなメディアを発明することによって、つながりを作る生まれつきの能力を確かなものとし、拡張してきました。一人で読む本は一方向のメディアではありますが、他の誰かの目を通じて世界を見ることで、自らと世界との新しい関係を打ち立てることができます。現代になって、テレビが発明されて、世界中の人々は現在何が起こっているかを目撃できるようになり、さらにそれが多くの人たちと一緒に可能になりました。テレビを通じて、月面着陸やベルリンの壁の崩壊という出来事を世界中の人と、その発生の瞬間と同時に見ることができ、地球に生きる人類というものをそれまで以上に実感できるようになりました。

インターネットは、同時性という点ではラジオやテレビと同じようではありますが、それらの従来のメディアより、双方向性や情報のリンクづけなどの考え抜かれた工夫で、私たちを結びつけているように思われます。ラジオやテレビのような従来の放送メディアは、巨大になるに従って専制的で一方向的なトップダウン体質を強めていきました。しかし、インターネットのコンピューター同士の双方向で対等なつながりは、ネットワークに参加する人間の自由な表現によって、マスコミュニケーションの一方向的な体質を大きく変化させていくだろうと思われました。そのような意味ではインターネットのおかげで、メディアは、以前のように集団的に、また誰もが参加できるような形に、つまりは社会的なものに戻ってきたとも言えます。

しかし、おそらく新しいメディアでいつも起こっていたように、インターネットもまた、自由な個が結びつく社会的なものから、分断的で孤立的な体質を持つものに変わってしまいました。このデジタル技術は、人々の間に新しい関係を築く代わりに、その関係を何か別のものに置き換えたのです。

現在私たちは、自由に使えるさまざまな通信技術の恩恵を受けて生活しています。しかし、そんな私たちの文化は、生き生きとした直接的な経験よりも、さまざまな技術に媒介された間接的な経験でほとんどが成り立っています。私たちは、かつてないほど孤独で分断された状態でもあるのです。最先端の技術は、個々の人間のつながりを強化するのではなく、つながりを損なってしまう危険性をも同時に持っていたのです。人間性を何か他のものに置き換え、その価値を低下させ、さらには、他人や自分自身を尊重することの大切さをさまざまな形でないがしろにしてしまっています。悲しいことに、これは自然とそうなった、というより人間によって作られたものなのです。しかし……、だからこそそれを元に戻すことも可能です。

5　軽視される人間性

私たち人間自身を、また、自然界の秩序における人間の立場を、劣ったものとして見る思想が古代から存在します。そして、この人間存在そのものを否定するかのような考えが、将来的なテクノロジーの基盤として利用される懸念があります。そのような考えが将来の技術的インフラに埋め込まれつつあります。すなわち、一流の技術系企業や大学にいる技術者たちは、人間という存在そのものが社会にとって厄介な問題であり、技術がその解決策であると考えているのです。

技術者は、私たちを支配するための技術を開発しているか、あるいは、私たちに取って代わる人工的な知性を設計しているか……そのどちらかなのではないでしょうか。こうした技術は、いずれも人間の能力や集団としての力を拡張することができるはずです。しかし、実際には人間を孤立させて、行動予測データを通じて人間を操ろうとする、経済市場や政治、権力者の要求に沿うように開発されているようです。

社会を統制する側は、人間同士のいさかいや混乱、失望といった社会的なあつれきを利用しようとします。もともと人間は、より多くの社会的なつながりを生み出す能力を得ることによって進化してきました。人間の脳、言語、文字、電子メディア、デジタルネットワークは、全てより高いレベルの社会的組織を作ろうとする人間の欲求によって進歩してきました。これらの発展の中でも最も新しいものであるインターネットは、思考や記憶することが、個人に属するのではなく、人間集団に共有されている活動でもありうるという可能性を示してきました。

しかし、力を持った人間集団がどのように行動するのかについては、いまだよくわかっていません。また、社会的に充実した立場にある人は、あまりお金を求めず、あまり不名誉な経験をしようとはせず、あまり予想どおりに行動しない傾向にあります。つまり、そのような一部の人たちは個人として自分で考えて行動します。したがって、多様な個人からなるネットワーク化された集団としての人間が知性を持って行動するという可能性は、あまり評価されませんでした。

人々が自ら考え、感じ、つながりを持っていれば、人々を支配しようとする制度を切り崩すことができます。今まで、人々は常に支配に対抗する手段を持ち、試みてきたはずです。しかし、そのような試みは権力によって、あるいは仕組みそのものがもともと含み持っている矛盾によって、必然的に人々のつながりを分断するような方向へとねじ曲げられることになってしまったのです。情報を伝達するはずの言語は、嘘をつくためにも使われます。取引を促進するはずの貨幣は、金持ちが自分でため込むものになりました。労働者の知性を広げるはずの教育は、彼らを都合のいい、より効率的な人材にするために利用されてきました。

このようなプロセスで、人間を孤立させることで、人間はしょせん自分の考えを持たない無目的な群衆であって、知的に、平和的に行動することなどできないとシニカルに考えられてきました。制度や技術は、人間性を豊かにするためではなく、人間性を低下させ、抑圧するように作られているのです。

いわゆる人間性が軽視され、それを信じることもできないような状況で、もはやそれが力ではなく、負担と感じられるようになると、個人の限界を超えた、集合的なものに接近しようとする動きが起こってきます。文化的にも、精神的にも個人を超越しようという動きです。

人間の身体を離れ、人間性から離脱し、物質を超越し、何か遍在する絶対的なもの、たとえば空間を満たすと考えられていた物質、エーテルや電波のようなもの、そして現代では仮想空間や人工知能など、その時代時代で超常的なもの、突出しているものを追い求める旅に突き進んでいこうとします。

6 変化を理解するチャンス

メディアは、人間の社会的なつながりを強くすることからその破壊へと、人間性の尊重からそれを奪い取るものへと変質していきます。先述のようにデジタルネットワークは、メディアの中でも最も新しいものです。しかし、現在のデジタルネットワークの変化は、今までよりも深く永続的なものです。なぜなら、デジタル技術は、人間を抑圧するものであると同時に、状況に応じてプログラムを書き換えてその技術自体を改造することができるからです。スマートデバイスは、生物よりも急速に次々と世代が入れ替わって進化しています。

また、私たちは、経済市場の発展と社会の治安を守ることを機械の能力の継続的な発達と拡張によって成し遂げようとしています。これは、自滅への道です。人間より機械のほうが優れていて、しかも人間は劣化しやすいという思い込みによって、結果的に機械技術への一方的な依存を高めることになってしまうからです。

社会が発展から破滅へと向かう変化は、今までにない速度で起こっています。

一方でこれを変化が起こる過程を理解するチャンスだと考えることもできます。その変化のプロセスを理解できれば、こうした変化は歴史の中で、農業技術、教育制度、通貨システム、民主主義制度などの変化に見られるように、さまざまな形で何度も起こってきたことがわかるでしょう。

私たちは今、この変化のサイクルを一世代のうちにリアルタイムで経験しています。これは、絶好のチャンスです。私たちは、機械技術への依存によるこの急激な変化にむやみに従ってしまうのをもうやめて、それに対抗することを選択できるのです。

7 人類の将来設計のために

今こそ、あらためて私たち人類全体の将来設計を明確にする時期です。私たち全員が一緒になって主張しなければなりません。今までの私たちは、個々のプレーヤーが行動するものだと思い込まされていましたが、そうではありません。現実に運命を共にする人間が、チームとして行動する時が来たのです。

チームヒューマン。

【1章原注】

1 Jeffrey L. Metzner and Jamie Fellner, "Solitary Confinement and Mental Illness in U.S. Prisons: A Challenge for Medical Ethics," Journal of the American Academy of Psychiatry and the Law 38, no. 1 (March 2010).

2章　社会的動物

——自らを社会化するために生きる

8 自然界のつながり

自然の生物はお互いに協調するかのような振る舞いをします。その中で人間が最も進化した生物であるとすれば、それは、人間が生存のための仕事と純粋な楽しみである遊びを共に発展させる最も進歩した方法を生み出したからです。

私たちは、環境の変化に適した生物が生き残る、すなわち、進化とは競争であるという神話を信じるように仕向けられています。この考え方によれば、それぞれの生物は、乏しい資源をめぐって他の全ての生物と争っています。最も強い生物だけが生き残って、その優れた遺伝子を次代に伝えることができます。弱い生物は、敗れ去って絶滅することになります。

しかし、進化は、あらゆる点において競争であると同時に協力することでもあります。私たちの細胞は、何十億年も前にミトコンドリアとそれが住みついている生物との協力の結果です。さまざまな個体や種は、生存のためにお互いに助け合うことで繁栄しています。ある鳥は、他の鳥では届かないところにある植物の実を食べられるように、くちばしが発達しています。これによって、食べ物の選択肢が広がって、特定の食べ物を食べなければならないという状態から解放され、全員がより多くの食物を食べられるようになります。食べられる植物がかわいそうだ、と思うでしょうか。しかし実際には、鳥は、蜂と同じように植物の役に立っています。植物の実を食べた後、糞を出すことでその種子を広い範囲に運ぶことになるからです。

環境の変化に適したものが生き残るという説は、競争的な市場・政治・文化という考えを正当化するためには便利です。しかし、このような考え方は、ダーウィンおよびその後継者たちの理論を誤解しています。競争というレンズだけを通して進化を見ていると、人間社会が全体として発展するという重大なストーリーを見失ってしまい、人類がつながりを持った一つの大きなチームであることを理解できなくなります。

最も成功した生物たちは、お互いにメリットのある生態系の中で共存しています。このような広範囲にわたる協力関係を理解するのは難しいことです。木は木であり、牛は牛であるというように、生命体がそれぞれ孤立していると考えがちです。しかし、一本の木は、単独で存在しているのではありません。それは、森の一部分なのです。全体を広い視点から見るようにすると、ある一本の木が生存するために行っている努力は、より大きい生態系を維持するための役割であることが見えてくるでしょう。

私たちは、自然界における生物同士のつながりを見落としがちです。それは、見えないところで静かに起こっているからです。樹木が相互に連絡を取り合っているのを見たり聞いたりすることは困難です。しかしたとえば、健全な森の中では、目には見えませんが、きのこやその他の菌類が樹木の根とつながっています（原注1）。この地下ネットワークによって樹木は資源を交換することもできるのです。夏には、背の低い常緑樹は、背の高い樹木の陰になって日差しが遮られます。日光が届かず光合成できないので、菌類を通じて、栄養素を取り入れます。背の高い樹木は、十分に栄養を得て余裕があるので、陰になっている常緑樹の仲間に栄養を送るのです。冬になると背の高い樹木は落葉して、自分では光合成できなくなります。この時点では常緑樹に日が当たるようになっているので、余っている栄養を、葉がなくなった落葉樹の仲間に送ってやります。このような栄養の交換にあたって、地下の菌類はわずかな手数料を受け取ることになります。交換を手助けする代わりに、自分が必要とする栄養をもらうのです。

つまり、森の樹木が日光を得るために競争しているという学校で教えられた話は、全てが正しいわけではありません。樹木は日光を得るために協力し、それぞれが異なる方法によって、労働の成果を分け合っています。

　樹木と樹木がお互いに身を守り合う場合もあります。アカシアの葉は、キリンの唾液に触れると警告のための化学物質を空気中に放出します。近くに存在する他のアカシアは、これを感じるとキリンにとって近寄りたくなくなるような不快な成分を放出します（原注２）。一群のアカシアは、自分を守る同じ生命体の一部分であるかのように振る舞うという進化を遂げています。

サバンナアカシアは、高いもので高さ20mに達する。
当然、葉を草食動物に食べられないようにするためだ。

多くの草食動物はとどく高さにはないので
安心して葉を繁らせていくことができる。

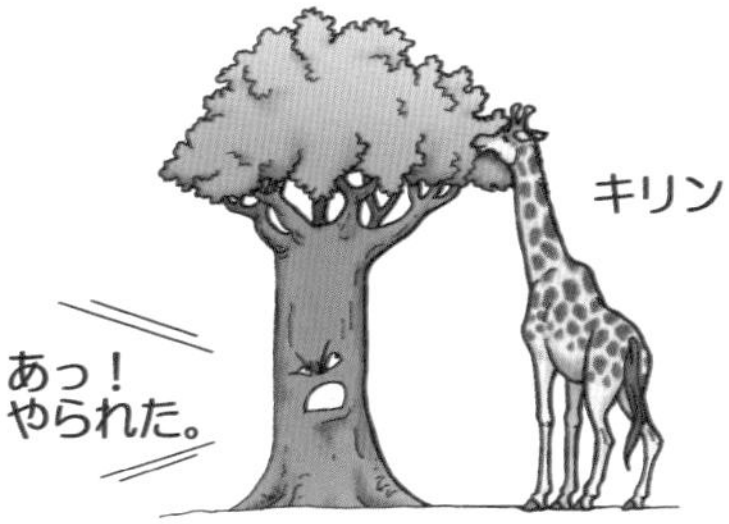

首が長いキリンにとってはちょうど良い位置に葉っぱがあって、好都合。
サバンナアカシアはただただ、食べられるわけではない。

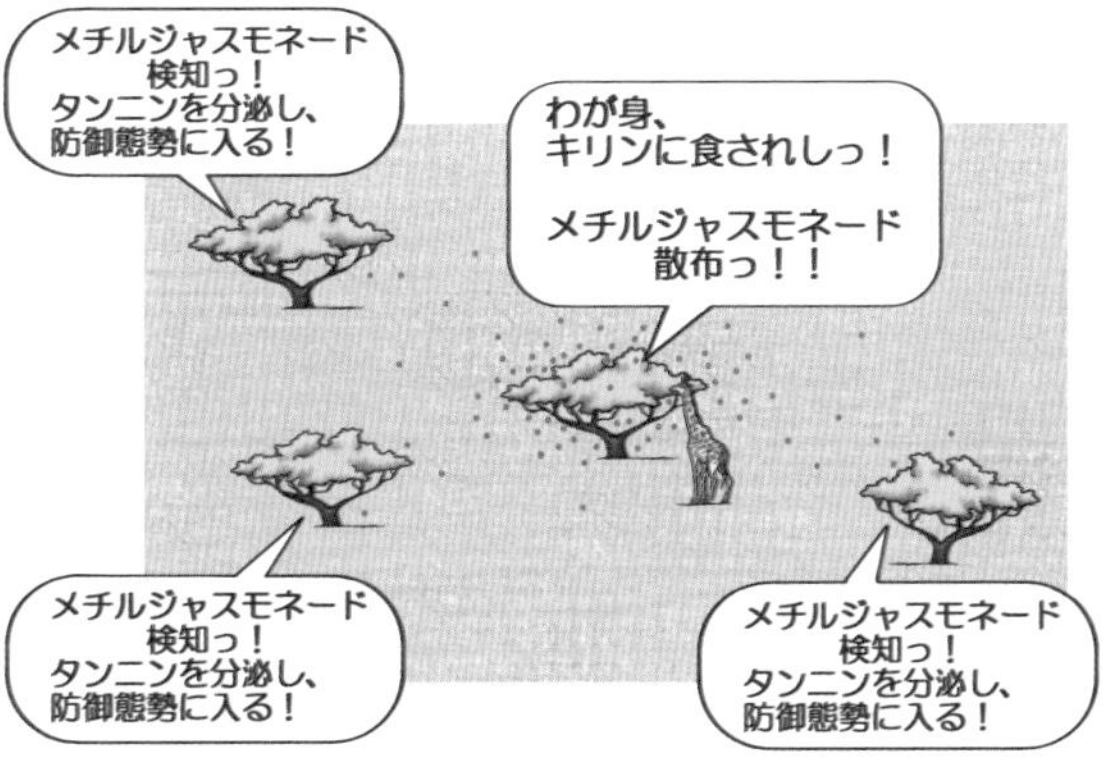

イラスト：川崎悟司

9 動物も協力する

動物もやはり協力します。お互いに利益をもたらそうとする動物たちの行動は、珍しいことではなく自然の法則です。

ダーウィンは、野生の牛が自分の属している群れから短期的に離れてしまうことに耐えられるか、また、群れのリーダーに絶対服従しているかどうかを観察しました。リーダーの権威に従わずに群れから離れて放浪する個人主義者は、飢えたライオンに襲われてしまいました（原注3）。ここからダーウィンは、社会的なつながりは動物による選択の結果であるという結論を得ました。すなわち、チームワークは、全員にとって競争よりも良い戦略なのです。

ダーウィンは、人間の道徳的な性質の起源は、動物の協力的行動にあると考えて、その状況を観察し、また、ペリカンやオオカミなどのさまざまな動物が集団で狩猟をして獲物を分け合うことや、ヒヒが協力して重い岩を持ち上げて虫の巣を掘り出すことを見て驚きました。

多くの動物は、たとえ食料や縄張りについて競争している場合であっても、生命の危険がある争いは避けるという行動をとります。たとえば、ブレイクダンスのダンサーが、対抗するグループにまるでケンカをしかけるような振る舞いで相手に挑戦するのと同じように、対抗し合う動物たちは、お互いに脅かすポーズをとったり胸を膨らませて威嚇したりします。動物たちは、総力戦になった場合に勝つ可能性を計算した上で、実際に戦うことなく勝者を決めます。

このいわばバーチャルな戦いは、殺されるかもしれなかったメンバーが殺されずに済むだけでなく（原注4）、勝者にとってもケガをせずに済むというメリットがあります。敗者は、時間を無駄にしたり無益な戦闘で手足を失ったりすることなく、何か別の食物を探しに行くことができます。

10 つながりが人間を作る

進化するためには、仲間から一歩抜きん出ることよりも、より多くの仲間とうまく暮らしていくようにすることが重要であるようです。

昔の定説では、人間の脳はチンパンジーよりも大きいので、人間のほうが環境における空間を認識することに優れている、あるいはより進歩した道具や武器を作ることができると信じられていました。適者が生き残るという単純な見方においては、これは理にかなっています。優れた道具や空間認識を持つ類人猿やヒトなどの霊長類は、狩猟や戦闘も上手なのでしょう。しかし、ヒト科の動物をチンパンジーと比べると、遺伝的にはごくわずかな違いしかなくて、その差は、主に脳が新たに作ることができる神経細胞の数に関連することがわかってきました。質的な違いではなく、量的な違いなのです。神経細胞およびそのつながりの個数が多いことによる最も直接的なメリットは、人間の社会的なつながりの規模が大きくなるという点です(原注5)。複雑な脳は、複雑な社会を生み出します。

こんな例を考えてみましょう。アメリカンフットボール、バスケットボール、サッカーなどのスポーツでクォーターバック、ポイントガード、ミッドフィールダーなど、競技によってそのスキルは異なりますが、このようなポジションは、いずれも他の選手と調整をする能力が重要です。優れた選手であれば、多くの他の選手がどのように動くかを同時に予測できなければなりません。これと同様に、霊長類は、身体の大きさや身体能力よりも、社会的な知性のほうが大きく影響します。群れが大きくなれば、霊長類は生存しやすくなりますが、グループの各メンバーを覚えて、関係を維持し、お互いの活動を調整するための能力を向上させる必要があります。人間は、脳がより大きく発達したので、一度に１５０もの安定したつながりを維持できるようになりました（原注６）。

霊長類では進化すればするほど、社会的な集団は大きくなります。これが、進化の過程と人間の社会との関わりについての最も分かりやすく最も正確な説明です。社会組織を作ることが進化の根本的な目標であるということを疑問に感じる人がいたとしても、少なくとも、社会的なつながりが人間を人間たらしめるのに大きな役割を果たしているのは認めざるを得ないでしょう。

11 人間の進化とつながり

人間の社会的な一体性は、繊細な生物学的プロセスとフィードバックの仕組みによって支えられています。樹木が根のシステムを通じて情報を伝達するのと同じように、人間は相互につながって共有する複雑な仕組みを生み出しました。

人間の神経系は、社会的なつながりが生死に関わる重要なものであるということを学んできました。人間関係を脅かす経験は、脳の中では、身体の痛みと同じ部分で処理されます。社会的なつながりを失ってしまうこと、たとえば愛する人の死、離婚、社会からの排除などの経験は、脚の骨折と同じような痛みとして感じられます（原注７）。

社会的なつながりを育むためには、人類学が提唱する「心のセオリー」を人間が身に付ける必要がありました（原注8）。他人の考えや目的を推測し理解する能力です。進化という観点から見れば、自己という考え方は、他人の意図や策略を理解して、記憶することができた後にできるものです。個人の独自性や働きが一般的に重視されるように文化が変化してきたのは比較的最近のことですが、人間が社会に適応することは、より古く、何十万年も前に生物学的進化の過程で起こりました。社会的なつながりを維持していれば、協力して作業する集団の能力が向上するとともに、生殖の機会も増加します。人間の目、脳、皮膚、呼吸は、個体自身だけでなく、全て他人とのつながりの強化に適するようになっているのです。

たとえば、他人の行動に学んでそれをまねすることなど、社会性のある行動は、認められた、あるいは仲間に入れてもらえたという感情を生み（原注9）、長い間、集団の一体感を維持します。ある実験によれば、仲間から多少でもまねされたことのある人は、まねされなかった人と比べて、ストレスホルモンの分泌が少ないことがわかりました（原注10）。人間の身体は、まねされることを求めて、それを楽しむように適応してきたのです（原注11）。人間が他人の行動をまねするときには、お互いに学ぶとともに、コミュニティー全体の能力を高めています。

人間は、言葉を学ぶ前から身体的なしぐさを使って信頼関係を築きます。幼児が、そして何千年も前の初期人類が、言葉を話せるようになる前に、しぐさを使ってつながりを作ります。誰かに注目してもらいたいときには、眉を動かします。他人に共感していることを示したいときには、その人と呼吸の速さを合わせます。他人の提案を受け入れるときには、目の瞳孔が大きくなります。そして私たちは、誰かが自分と呼吸を合わせていたり、目を開いていたり、あるいは軽くうなずいているのを見ると、自分が理解されて受け入れられていると感じます。こうしたときには人間のミラーニューロン（訳注　自分が行為する時にも、他者が同じような行為をするのを見ている時にも活動する神経細胞）が活性化して、つながりを感じるホルモンであるオキシトシンを血流の中に分泌するとも言われています。

人間は、まるで他人と同じ脳を共有しているかのように、たやすくつながりを持つことができます。いわゆる「大脳辺縁系共鳴」とは、お互いに感情の状態を調和させることのできる人間の能力です。ＭＲＩによる観察では母親と乳児の脳の状態は、互いに一致するようになっています。大脳辺縁系共鳴は、あまり知られていないプロセスですが、喜んでいる人、あるいはイライラしている人が部屋に入ってくると部屋の雰囲気が変わるとか、または、物語の朗読を聴いている人が朗読する人と同じ脳の状態になるといった経験に似ています。複数の神経系が、まるで一つのものであるかのようにシンクロして一緒に反応します。人間は、このような共鳴、幸福のホルモンから得られる神経の安らぎを求めています。だからこそ、子供たちは親と一緒に寝たいと訴えるのです。子供の神経系は、親の神経系をまねすることによって、自分が眠ったり起きたりする方法を身に付けます。また、テレビのお笑い番組に録音された笑い声を入れてあるのもこのためです。一緒に見ている仲間の笑い声をまねして自分でも笑ってしまうように演出されているのです。私たちは、自然に他人の脳の状態と共鳴しようとします（原注12）。

進化によって得られたこの物理的なそして化学的プロセスは、人間社会のつながりや一体感を生み出し、強化し、さらには、人間の社会の基礎を形成しています。

12 互恵的利他主義

このようにして人間のつながりをベースにした社会の仕組みのおかげで、人間は、ペアになることのメリットに気付き、食料を分け合い、集団で子育てができるようになりました。分業によって労働の負担を減らし、さらに、それを実行できるようなお互いの信頼が得られたことで、人間の生存可能性は高まりました。

一方、注目するべきことは、労働の分担よりも集団で共有することです。共有によって、人間は、他の類人猿とは異なる存在になりました。人間は、獲物をその場で食べずに住んでいる場所に持って帰ります。人間は、狩猟能力が優れているからではなく、他と意思を疎通し、信頼し合い、共有することによって人間になりました（原注13）。

生物学者や経済学者は、人間のこうした行動が社会的または道徳的な理由によるという解釈を長年にわたって認めませんでした。その代わりに、「互恵的利他主義」と呼ばれているものが人間の協調行動の根拠だと説明しました。たとえば、ある人が他の人に良いことをするのは、そのお返しとして、将来、良いことをしてもらえると期待しているからだと言うのです。あなたがリスクを冒して誰かの子供を危険な肉食動物から救助するのは、他の親があなたの子供に同じことをしてくれると思っているからです。――この考え方では、人間はそれ自身で素晴らしい存在とは言えません。人は、回りくどい方法で自分自身のために行動していることになってしまいます。

しかし、最近の研究によれば、他人のために行動することについて、自分自身の利益とは必ずしも関係のない、利己的ではない動機が基になっているという説が強く支持されています（原注14）。初期の人類には、将来の見返りが期待できない場合であっても、個人的に大きな犠牲を払って協力するという傾向が強くあったのです。協力の義務を果たさない集団のメンバーは、罰せられました。連帯感とコミュニティーは、見返りへの期待ではなくそれ自体が高く評価されていたのです。

このような意味で、進化における最高の成果は、言葉を話すようになったことでした。声を出すことには、体内で気道と食道が交わる部分が関わっており、窒息してしまう危険もありました（原注15）。しかし、そのおかげで、声帯で発生する音を変化させる能力が得られ、言語に必要とされるさまざまな音を口から出せるようになりました。

言語は、より大きく複雑な社会構造を生み出すために発達しましたが、その発達には話す人間同士による多くの協力的な行動が必要であったことを忘れてはなりません。この多くの世代にわたる実践が社会の仕組みを変化させて、あたかも協同組合に対する人間の信頼に似たものを生み出しました。

13　言葉がもたらしたもの

言語はあらゆるものを変化させました。人間が言葉を獲得すると、文化の発達や社会が団結することは、もはや人間の脳のサイズとは無関係になりました。進化は、純粋に人間の生物学的なプロセスだったものが、社会的なプロセスとなったのです。人間は、言語のおかげで他人の経験からお互いに学ぶことができるようになりました。こうして知識への探求が始まりました。

他の動物、たとえば類人猿は、行動することによって学びます。いわゆるエピソード学習とは、試行錯誤を通じて自分でものごとを見つけ出すことです。火は熱い。火に触ったときに何が起こったかを覚えていれば、二度と触ろうとすることはなくなるでしょう。類人猿より単純な生物でも、本能あるいは自然な行動として、学習と同様の成果を蓄積していますが、それは行動の手順を無意識に覚えているだけです。これに対して人間は、お互いにまねすることによって学ぶことができます。さらには、言語を通じて経験をお互いに伝えることができます。これは、非常に重要なことで、人間であることの最も分かりやすい説明でしょう。

植物や動物と人間との違いは、それぞれの生物が何を取り込み、ため込み、どのように使うかによって決まります（原注16）。植物はエネルギーを取り込みます。日光をエネルギーに変換し、葉を広げて紫外線を取り入れ、植物（およびその植物を食べた動物）が使うことのできるエネルギーに変化させます。しかし、植物は大部分が一カ所に根を張ってとどまっています。

一方、動物は移動することができます。歩いたり、走ったり、跳び上がったり、空を飛んだりすることによってあちこち動き回り、届くところにあるリソースを利用します。植物は雨が降るのを待っていなければなりませんが、動物は行動範囲内のどこかで水を見つけることができます。あるいは、新しい水場を求めて移住することもできます。植物はエネルギーを取り込みますが、動物はいわば空間的な広がりを取り込むのです。

人間は、社交し、まねし、話すことができるので、より多くのものやことを取り込むことができます。さらに人間の特別なところは、時間をも自分の中に取り込み、コントロールできるという点です。一回の人生の間に、これまで人類が経験してきたあらゆることを経験する必要はありません。その代わりに、人間は祖先の経験を利用することができるのです。祖先は彼らが学んできたことを私たちに伝えてくれます。人間はお互いにまねるように進化してきたので、親は子供に狩りをする方法、あるいはテレビのリモコンを操作する方法を教えることができます。子供は、何もない状態からそれを自分で発見する必要はありません。また、人間は話すことができるように進化したので、言語を使って他人に教えることができます。「その赤い蛇に触るな、それには毒がある」。

言語および教育を通じて、人間は、何世紀にもわたってため込まれてきた知恵を集約して、一人の人生の間に学ぶことができる知識の基盤を作りました。人間は、毎回、新たにあらゆる知識を再発明する必要がありません。しかしそのためには、人間は、少なくとも、過去の人々が私たちに何かを教えてくれるということを信じなければなりません。

14 社会的であること

まねすること、社会的なつながり、言語のおかげで、人間は、個々の能力を他の能力が補うことによって進歩することができました。ある研究によれば、幸福は、団結した社会が目標とするものではなく、むしろその動機であるということです。人間が仲良くするように、自然が人間の前に幸福という餌をぶら下げて促しているようなものです。さらに、人間の感情も自分自身のものではなく、社会的集団が作られたことの副産物だと言います。社会的ネットワークの中心に近ければ近いほど、人々は幸福になります。幸福は、個人の経験や選択の結果ではなく、人間集団が持っているエネルギーのようなものです(原注17)。

この考え方によれば、人間の感情は、他人と新しいつながりを作るきっかけにすぎません。幸福であれば笑います。その笑いと感情は、人から人へと伝わってネットワーク全体に広がります。その目的は、幸福を広めるというよりも、ネットワークを活発にし、つながりを強化し、社会的集団を融和させることにあります。

その逆もまた真です。社会的集団の外に置かれると、うつ状態になったり病気や死に至ったりする可能性も高くなります。社会的な接触が乏しい赤ん坊は、神経系が正常に発達しない場合があります。社会的な知り合いがほとんどいない若者は、自ら刺激を生み出さなければならないためにアドレナリンの分泌が多くなります（原注18）。孤独な学生は、免疫細胞が少なくなります（原注19）。牢屋に入っている受刑者は、独房に監禁されるよりも暴力を受けるほうがましだと言います。アメリカでは、肥満よりも社会的に孤立してしまうことのほうが公衆衛生上の大きな問題になっています。

社会的であることが最も重要なのかもしれません。他人から学ぶ知識の内容は、お互いの生存のために役立ちますが、さらに、学びのプロセスそのもの、すなわち、コミュニケーションの際に生まれるつながりの感覚、信頼されているという感触、仲間意識がより大きなご褒美になっているようです。人間は、自らが生きるために社会化するというよりも、自らを社会化するために生きているのかもしれません。

15 人間の自主性と社会

もちろん、活発で、幸せを感じており、つながりが多い人々も、個人としての経験をしています。人間は社会的な存在ですが、それと同時に自立した存在でもあり、自由な意思で独自の選択をして行動しています。

ただし、心理学者や社会学者によれば、人間の自主性を最もよく表現できるのは、より大きな社会的背景の中であるとのことです。他人を信頼して、あるいは自己犠牲を払ってでも自分が正しいと信じる選択を行うことによって、自分がより大きなプロジェクトにつながっている（原注20）、または、社会全体の利益を守るために行動していると感じることができます。正常に機能している民主主義、通信の自由、表現の自由、集会の自由、コミュニティー共通の価値観、経済的な平等など、全てがあって初めて自らを表現する行動が実現します。開放的で誰でも参加できる社会環境がなければ、自分を表現する方法は、自分だけの意見にこだわるか、社会には参加せずに閉じこもるという二つの選択肢だけになってしまいます。環境を無視した自分だけの自主性というのは、いわば子供が「ご飯を食べない」と言って自分を主張しているようなものです。

個人個人が自分勝手に振る舞うような状況はひとりでに広がってしまいます。積極的に自主性を発揮するチャンスがなければ、自己犠牲よりも自己宣伝に、集団の繁栄よりも個人の利益に目を向けるようになります。自分が永く続く大きな生命体の一部であると認識できなければ、自分だけにこだわるようになります。自分だけがいつまでも生きていられると信じて、大金をもうけたら、他人を操ることに熱中します（原注21）。世界は滅亡してしまうが、自分だけは助かるという思い込みによって、地球の気候変動のような集団的な課題に対応しようとします。このように限られた利己的な態度は、政治や消費での私たちの行動を通じて広がり、社会の団結から遠いものとなってしまいます。

メンタルヘルスとは、自己の拡大と、他人との一体化の両方を受け入れる能力だと定義されています（原注22）。すなわち、人間の行動は、自らの考えであるという限界を持っていますが、外の世界と調和のとれた相互作用をも目指しているということです。私たちは、内面的に動かされて行動しますが、全ての行動は、より大きな社会との関連において生まれているのです。人間は、他人との関係においてのみ自主性を表現できるのです。

相互依存のない自主性は、孤立や自己陶酔につながります。一方で自主性のない相互依存は、人間精神を発達させません。健全な人間は、この自主性と相互依存のバランスをうまく取った、一体となった社会的集団の中で生きています。

【2章原注】

1 Suzanne Simard, "How Trees Talk to Each Other," TED talk, June, 2016.

2 Peter Wohlleben, The Hidden Life of Trees: What They Feel, How They Communicate (Vancouver: Greystone, 2016).

3 Merlin Donald, Origins of the Modern Mind: Three Stages in the Evolution of Culture and Cognition (Cambridge, MA: Harvard University Press, 1991).

4 Laszlo Mero, Moral Calculations: Game Theory, Logic, and Human Frailty (New York: Springer Science + Business, 1998).

John Marzluff and Russel P. Balda, The Pinyon Jay: Behavioral Ecology of a Colonial and Cooperative Corvid (Cambridge, UK: Academic Press, 1992).

5 Norman Doidge, The Brain That Changes Itself (New York: Penguin, 2007).

6 Robin Dunbar, Human Evolution: Our Brains and Behavior (New York: Oxford University Press, 2016).

7 Matthew D. Lieberman, Social: Why Our Brains Are Wired to Connect (New York: Crown, 2013).

8 Leslie C. Aiello and R. I. M. Dunbar, "Neocortex Size, Group Size, and the Evolution of Language," Current Anthropology 34, no. 2 (April 1993).

9 Robert M. Seyfarth and Dorothy L. Cheney, "Affiliation, empathy, and the origins of theory of mind," Proceedings of the National Academy of Sciences of the United States of America 110 (Supplement 2) (June 18, 2013).

10 Marina Kouzakova et al., “Lack of behavioral imitation in human interactions enhances salivary cortisol levels,” Hormones and Behavior 57, no. 4–5 (April 2010).

11 S. Kuhn et al., “Why do I like you when you behave like me? Neural mechanisms mediating positive consequences of observing someone being imitated,” Social Neuroscience 5, no. 4 (2010).

12 Thomas Lewis, Fari Amini, and Richard Lannon, A General Theory of Love (New York: Knopf, 2001).

13 Glynn Isaac, “The Food-Sharing Behavior of Protohuman Hominids,” Scientific American, April 1978.

14 The Evolution Institute, https://evolution-institute.org.

15 Merlin Donald, Origins of the Modern Mind: Three Stages in the Evolution of Culture and Cognition (Cambridge, MA: Harvard University Press, 1991).

16 Alfred Korzybski, Science and Sanity: An Introduction to Non-Aristotelian Systems and General Semantics (New York: Institute of General Semantics, 1994).

17 Nicholas A. Christakis and James H. Fowler, “Dynamic spread of happiness in a large social network: Longitudinal analysis over 20 years in the Framingham Heart Study,” British Medical Journal (December 4, 2008).

18 Sarah Knox, Töres Theorell, J. C. Svensson, and D. Waller, “The relation of social support and working environment to medical variables associated with elevated blood pressure in young males: A structural model,” Social Science and Medicine 21, no. 5 (1985).

19 J. K. Kiecolt-Glaser et al., “Marital quality, marital disruption, and immune function” Psychosomatic Medicine 49, no. 1 (January 1987).

20 Chris Hedges, "Diseases of Despair," TruthDig, September 3, 2017.

21 Ernest Becker, The Denial of Death (New York: Free Press, 1977).

22 Andras Angyal, Neurosis and Treatment: A Holistic Theory (Hoboken: John Wiley and Sons, 1965).

3章　嘘を学ぶ

――メディアのウイルスとは何か

16 個人主義と社会性のバランス

健全な社会は、簡単に個人主義的で、プレッシャーの強い社会になってしまいます。資源の不足、隣り合う民族間の対立、権力を求める軍隊、自分の権威を保とうとするエリート、独占を追求する企業、いずれも反社会的環境や行動へとつながります。

健全な社会性の実現には、自主性を保つこととお互いに協力することの両方が重要です。一方を重視しすぎて他方を犠牲にすると、バランスが崩れます。

たとえば、社会性を損なう方法の一つは、個人主義を重視しすぎることです。そうすると、社会的集団は個人に分断され、それぞれが職業上の成功や消費の拡大によって満足感を得ようとします。多くの場合、「これが自由なのだ」という実感のもとに正当化されています。しかし、このように熱心に競争している個人が真の自主性を得ることはありません。彼らには、自主性を発揮する社会的なバックグラウンドがないからです。

社会性を損なうもう一つの方法は、一体性を重視しすぎることです。そのような中で人々は、全て同じなので競争する

活動に理解を示すシール

これは一例に過ぎないし、自分の住所も名前も印刷もされているものではない。控えめな支援を表すシールだと言えるだろう。

必要がありません。このようなシステムでは、大げさな個人主義は主張されませんが、多くの場合、最高権力者または独占的な政党に服従することが求められます。しかし、このようにして得られた一体化は本物の社会性ではありません。人々は、他の人々とお互いに向き合うのではなく、上を向いて指示を待っています。変化、多様性、社会的な流動性がないので、こうした一体化は、個人主義と同じように社会性を損なってしまうことになります。

いずれの方法も、人間を支配するために人々を分断して、進化する社会のあり方を損ないます。

17 メディアが社会を分断する

このように、社会のいずれの要素も、弱点となる恐れがあります。社会を乗っ取ろうとする人々は、この弱点を彼らにとっての「お手柄」と呼んでいます。たとえば、慈善団体から寄付を依頼するダイレクトメールが送られてくることがあります。そこには、その団体のロゴが入ったシールにあなたの住所と氏名を印刷したものが無料プレゼントとして同封されています。あなたが誰かに手紙を送るときにそのシールを使えば、自分の住所氏名を書く手間が省けるとともに、ロゴによって当該団体の活動に理解を示していることをアピールできる、という贈り物です。これは、私たちの身体にしみ込んだ「お互いさま」という古代からの心理を利用しているのです。この例はささいなものですが、このようなパターンはどこにでもあります。私たちは何かが足りないのではないか、というある種の負い目に説得されてしまうか、または、その意味に気付いて依頼を断り、今後そのような策略にはめられないように備えるか、のどちらかです。いずれの場合にも、社会は損なわれます。人間を団結させていたつながりの精神が、悪用されることで今では分裂させる要因になっています。

文明の歴史は、社会的なつながりとその外に置かれてしまうこととの間を揺れ動いていると考えられます。そして、さまざまなメディアがそのプロセスに関わっています。

人間は、本やラジオ、貨幣、ソーシャルメディアに至るまで、つながりや情報交換のための新しい仕組みを発明しています。しかし、そのメディア自体が人間を分断する手段になります。本による情報は、十分な教育を受けたお金持ちにしか届きません。ラジオは、扇動された集団による暴力を引き起こすことがあります。貨幣は、独占的な銀行家がため込んでしまいます。ソーシャルメディアは、コンピューターの計算によってユーザーを複数の閉じた集団に分断してしまいます。

人間が相互につながるために開発したメディアや技術は、人間そのものと違って、もともと社会的だというわけではないのです。

18 言葉とメディアの罪

話し言葉は、歴史上初めての情報交換技術だと考えられます。瞳孔の開き方やミラーニューロンと違って、会話には人間の意識的な参加が必要です。

言語のおかげで人間は他の動物よりも優位に立ちました。また、より大きくて組織的な集団を作ることができるようになりました。言語は、種族のつながりを深め、争いを解決する新しい手段を与え、人々が感情を表現できるようにしました。さらに重要なこととして、前の世代が次の世代に知識を伝えられるようになりました。この知識のストックのおかげで文明の発達に伴う社会的な課題に対して、生物としての自然な発達を待つよりも、速く解決に向けて進むことが可能になりました。

しかし、言語には逆方向の作用もあります。言語が生まれる前は、嘘などというものは存在しませんでした。嘘に近いものとしては、たとえば果物を隠すというような行動があったかもしれません。そして言葉の発明によって、他人に本当に事実を積極的に誤解させる方法が生まれました（原注1）。

同様に書き言葉によって、歴史を記録し、詩を書きとめ、契約を交わし、同盟を結び、離れた場所にメッセージを送ることができるようになりました。書き言葉は、人間のコミュニケーション能力を拡張するメディアとして、時間と場所を超えた伝達を可能にし、それまで想像もできなかった方法で人々を結びつけました。

最も初期の書き言葉の例を見ると、多くの場合、権力を振るい、支配するために使われていたことが分かります。メソポタミアで文字が発明されてから五百年の間、書き言葉は、王や僧侶が支配する穀物や労働を記録するためにのみ使われていました。文字が使われるとき、そこには必ず戦争や奴隷制度が伴っていたのです（原注2）。書き言葉にはさまざまな利点がありますが、その他にも、具体的に経験する文化から、抽象的に管理する文化へと変化させました（原注3）。

楔形文字

メソポタミア文明で使用されていた古代文字。文字としては人類史上最も古いものの一つ。古代エジプトの象形文字に匹敵する。

グーテンベルクの印刷機は、書き言葉の流通範囲をヨーロッパ全体に広げるとともに、文字および表現の新しい時代を約束するはずでした。しかし、一般の人々が互いに他人の書いた本を読むようになると何が起こるかに気付いていた専制君主は、印刷機を厳重に管理しました。非公認の印刷機は破壊され、所有者は処刑されることもありました。結果的に印刷機は、新しい概念による文化を発展させるのではなく、上からの支配を強めました。

ラジオも、最初は仲間同士のメディアでした。もともとラジオ受信機は、無線と同じような、送信も受信もできる装置でした。企業が電波を独占しようと政治に働きかけて、政府は電波の使用を管理し始め、コミュニティー空間だったはずのラジオは、広告と宣伝に支配される空間に変わってしまいました。

かつてアドルフ・ヒトラーは、ラジオという新しい魔法のようなメディアを使って、一度にあらゆる場所に出現しました。ドイツ社会に一つの声がこれほど広く浸透したことはありませんでした。電波によって伝えられる声によって人とつながっているという感覚が、ヒトラーと何百万もの人々との間に新しい信頼関係のようなものを生み出しました。中国では、国民に政治思想を浸透させるために、有線放送のスピーカーを国中に7千万台設置しました。

ラジオのマイクの前で国民に向けて演説するヒトラー

ヒトラーはその演説の上手さとラジオやポスターといったメディアを最大限活用しドイツ国民の心を掴んだ。

ルワンダでは、つい最近の1993年まで、敵対する民族の居場所をラジオで放送して、政府を支持する群衆がナイフで敵を虐殺するように仕向けていました。

ほぼ全ての新しいメディアは、エリートの手に入ると、人々が互いに関心を持つために使われるのではなく、権力に目を向かわせるための道具になります。こうすることによって、敵が人間以下の存在であると思わせて、今まで想像できなかったような暴力行為をさせることが簡単になってしまうのです。

テレビも、最初は、人のつながりや教育のために大いに役立つと思われていました。しかし、マーケティングに詳しい心理学者は、テレビを使って消費者の心理を映し出して（原注4）、そこに新しい夢物語や特定の商品を宣伝する方法を生み出しました。テレビの番組編成（プログラミング）という言葉は、チャンネルをプログラムするというのではなく、視聴者をプログラムするという意味だと言えます。このテレビという光る箱は、人々の心を捉えると同時に、そこに埋め込まれている人間の欲望を無意識のうちに金銭に置き換えてしまいます。たき火のまわりに座って互いの話を聞く代わりに、私たちはソファーに座って画面を見つめています。人々の信頼関係は、大衆の好みに置き換えられてしまいました。

テレビは家族や消費者の理想を描き出すことによって、体制に好んで従うアメリカ文化を作り出しました。その一方で、誰でも同じく敵とみなす個人主義の精神も広がりました。テレビは人々に対して、メロドラマの好きな出演者を選んで、まるで自分の理想的な個性のように思わせ、自分自身の個性をもテレビから選ぶことができると教えました（原注5）。テレビを楽しむ大衆は、この条件とそれに伴う個人主義的な社会のストレスを喜んで受け入れました。

テレビのコマーシャルの対象は、社会的なつながりを持ったコミュニティーではなく、分断された個人です。魅力的な生活を約束するブルージーンズのコマーシャルは、すでに充実したつながりを持つ人には訴えかけません。それは、一人でソファーに座ってテレビを見ている人を狙っています。テレビの文化は、人との接触をブランドのイメージに置き換えることによって、人々の孤独を強めました。

テレビは、アメリカにおける社会性を低下させ、全国に存在したクラブやコミュニティー集団を衰退させてしまい、郊外の新興住宅地で問題となっている社会的な孤立感を発生させた最大の要因だと広く考えられるようになりました（原注6）。

しかし、これはインターネットが登場するまでのことです。

19 インターネットの登場

インターネットは、人々の間に新しい方法でつながりを作ると同時に、個人の自主性を与えるように思われました。広く信じられていることとして、コンピューターネットワークはアメリカ国防総省のための核シェルターみたいなものとして始まったという話があります。実際には、コンピューターネットワークが始まったのは、情報の処理能力を共有するためでした。ある意味では現在のクラウドコンピューティングに似たようなもので、処理結果の文字列を表示する機能しかないダム端末が、大規模な、ただし初期の旧式なメインフレーム（大型計算機）に接続されていました。その計算処理はたまに実行されるだけなので、ネットワーク化によって多くの人々がコンピューターを共同で使えるようになりました。

コンピューターを接続することによるその他のメリットとして、メッセージを残せることがありました。メンバーの誰かがログオンすると、あなたがその人のフォルダーに入れておいた小さなテキストファイルが表示されます。それが電子メールでした。メッセージ、その他の会議ツール、掲示板などは、計算そのものよりも広く使われるようになりました。最終的に個別のサーバーが互いに接続されるようになって、今日の私たちがネットワークと呼んでいるものが誕生しました。

防衛産業は、この臨機応変につながるネットワークが、新しくて回復力の強い、一極集中型ではない形態であることに気付きました。ネットワークの一部が攻撃された場合でも、破壊された部分以外は、その周辺の経路も含めて引き続き機能しています。そこで政府は、最終的にはインターネットとなる、大規模なネットワークを社会で使うことができるように補助金を出したのです。

しかし、ネットワークコンピューティングの最初の頃から、ユーザーはネットワークで仕事をするよりも、友人との交流、レシピの共有、ゲームで遊んでいました。もともとは科学者や防衛産業の社員たちが参加していましたが、すぐにネットは進歩的文化人、ユニークな人々、知識人の好むところになりました。政府は、そのような仕組みは不要だと考えてＡＴ＆Ｔに売却しようとしましたが、ＡＴ＆Ｔでさえも、コミュニケーションの楽しさによって動いている自由なメディアに商業的な可能性があるとは気づきませんでした。

インターネットに触発されたハッカーやヒッピーたちは、インターネットが人間の神経系の延長だと考えていました。それぞれの人間の脳は、巨大なネットワークの一つの部分だと解釈されました。彼らの野心は非常に大きいもので、インターネットによって人類は地球の頭脳へ変わるはずであり、ガイア、すなわち地球それ自体の知性は、やがて完全に目覚めると思われました。

既存のメディア企業や広告主は、そのような地球規模の知性よりも目の前の四半期業績に興味があったのは確かですが、１９９２年の調査をきっかけにして、インターネットに大いに関心を持つようになりました。その調査によれば、インターネットに接続している家庭で民放テレビを見ている時間は、インターネットのない家庭よりも一週間当たり平均9時間少ないことがわかったのです。そこで、メディアは二つの作戦をとりました。放送や出版物でネットを非難すると同時に、送り手と受け手が対等な立場で情報を受け渡しできるというインターネットの特長を抑え込んで、広告に使いやすい方向に導こうとしました。

ワールドワイドウェブは、もともと、研究用文書を容易に見つけてハイパーリンクをつけるために使われることを意図していました。しかし、クリックできるアイコンは、文字だけのネットに比べるとテレビに似た感じがするので、マーケティング担当者の関心を引き付けました。ユーザーは、利用するために文字をタイプしたり、能動的に考えたりする必要がありません。クリックするだけで読めます。うまくいけば、見てすぐに買うことができます。

地球規模の仮想コミュニティーというユートピアを作ろうとしていたヒッピーやハッカーたちを失望させたのは、会話のための場所であったウェブが急速にショッピングカタログになってしまったことです。人々のつながりではなく、個人とブランドの間の関係である一対一のマーケティングに置き換えられました（原注7）。ドットコムブームでは、何千もの企業がネットで商品を売ろうとしましたが、参入する企業が多すぎて利益を得られなくなり、ドットコムの暴落も起こりました。

そこでインターネット理想主義者が勝利を宣言しました。インターネットは、商業化にしか関心のない勢力による攻撃から生き延びて、人々をつなぐという使命を取り戻しました。ネットは、今、そしてこれからも、ずっと社会的なメディア「ソーシャルメディア」であると呼ばれるのです（原注8）。

20 ソーシャルメディアの変化

そのようにして、ソーシャルメディアは、大きな期待のもとで始まりました。ドットコム暴落の結果を受けて投資家たちがインターネットは「終わった」と決めつけた後、新しい世代の開発者は、テレビ的なトップダウン方式のウェブの表現方法に対抗して、人々にコンテンツを作ってもらうという情報発信のため仕組みを開発するようになりました。これは、人々にコンテンツになってもらう、ということでもあります。

当時、これは画期的だと思われました。ソーシャルメディアを使えば、ネットは商業的なコンテンツを避けてアマチュアというネットの出発点に戻り、人々が互いに相手を見つけたり、新しい協力関係を築いたり、自由な発想を共有したりするのに役立つはずです。

新しく開発されたブログの形式を使えば、ウェブページやニュース配信、掲示板のスレッドなどと同等のものをユーザーが自分で即座に作ることができます。ソーシャルメディアの無料アカウントは、誰でもすぐに使えるネット上の本拠地になりました。簡単なテンプレートを使ってプロフィールを作成し、お気に入りの音楽や映画にリンクして、友達のリストを作ることで、多少の制限があるとしても、グローバルなメディアの中に新しい自己表現の入り口を作ることができました。

しかし、ソーシャルメディアの背後にいる企業が金もうけを考えるようになると、仕組みが変化しました。ユーザーは、無料でインターネットサービスにアクセスできる代わりに、何らかの広告を見ることに慣れてきました。ただし、ソーシャルメディアでは、広告はユーザー対象が厳しく絞り込まれています。ユーザーが投稿する大量の情報は、消費者の好みに関する詳細なデータベースとなり、そのデータを使って何の広告をどのユーザーに届けるかが決められています。

こうしてソーシャルメディアによって生まれたコミュニティーという考え方は、人々の孤立へと向かう新しい方向に変わってしまいました。なぜなら広告主は、自動的に(後にはアルゴリズムによって)個人向けに調整されたニュース配信を通じて、ユーザーと個別に交信しています。最初のうちは、これもそんなに悪いことではないと思われていました。でも、最終的には、広告を出す企業がSNSなど、コミュニティーのプラットフォームに資金を提供すれば、その広告主に注目するように仕向けることができるのではないでしょうか。あるいは、私たちの個人情報を集めることも？　広告が確実に私たちの関心を集めるものになるように広告主がこれまでより洗練された方法で操作しているとしたら？

人々がお金で払うことができない、あるいは払おうとしないものに対して、今、私たちは個人情報を差し出すことで払おうとしています。より大きなところで変化が起こっています。インターネットの仕組みそのものは、もはや、人々を他の人に結びつけるという仕事をしていません。その代わり人々をマーケティング担当者に送り届ける仕事をしています。私たちは、ソーシャルメディアの顧客ではなく、商品になりました。

現在のソーシャルメディアの動向においては、ユーザーは宣伝担当者に変わってしまいました。ソーシャルメディアのプラットフォームは、企業からのメッセージを人々に大量に投げつけるのをやめて、口コミのオンライン版発展型とも言える「ソーシャルレコメンデーション」というものを進めるようになりました。あるマーケティング担当者は、広告や気に入ったコンテンツへのリンクをシェアするように人々に働きかけました。また、有名人など、特に影響力のあるユーザーを見つけて、商品を無料で提供してそのブランドを推薦してもらうことも行われました。

それ以来、さまざまなグループ、さらには政党までも、そのメンバーが互いに「いいね」やフォロワーの数、あるいはインフルエンサーの立場を競い合うようになりました。たとえばフォロワーの数は、その人の社会的影響力の目安であるだけでなく、スポンサーからの支援、ミュージックビデオへの出演、講演や仕事の依頼を決める手段にもなっています。

新しいメディアの自然な進化だと思われた社会の変化は、再び競争を中心とした個人主義に取り込まれるようになったのです。

SNSでの「いいね」アイコン

「いいね」の数で、インフルエンサーの立場を競い合い、その人の社会的影響力の目安にもつながっていった。

21 メディアウイルスと「ミーム」

ますます競争的になるメディア環境は、ますます競争的なコンテンツを求めています。今日では、スマートフォン、ウェブサイトまたはソーシャルメディアのアカウントを持っている人は誰でも、自分のアイデアを人々と共有することができます。そのアイデアに説得力があれば、複製されて何百万もの人に広まります。ここで、戦いが始まるのです。社会的な交流の具体化を目指して協力するという動きは消えてしまい、その代わりに、古びた適者生存の考えが出現しています。生物学的な遺伝子のように人から人に伝わる文化的な情報である「ミーム」の生存競争が始まったのです。

かつて「メディアウイルス」（原注9）という用語は、対話型のコミュニケーションが行われる世界で、アイデアが拡散する様子を意味していました。実際の生物学的ウイルスは、新種のタンパク質の殻を持っています。身体がウイルスを発見すると、抗体を送り込んでウイルスを攻撃するはずなのですが、新種の殻のおかげで人間の血液の中を気付かれずに移動することができます。ウイルスは、それが入り込んだ生物の細胞に取りついて、その中にウイルスの遺伝情報を注入します。遺伝情報は、細胞の核に入り込んで、細胞のＤＮＡを書き換えようとします。その細胞が次に複製するとき、自分自身の遺伝情報とともにウイルスの遺伝情報も複製されてしまいます。

こうなると、ウイルスに感染している人はウイルスを他人に拡散し始めます。最終的に生物の身体がその遺伝情報を認識して攻撃するようになるまで、ウイルスは複製と拡散を続けます。それ以後は、数か月あるいは数年たっても、タンパク質の殻が認識されて攻撃されます。これが免疫ができることです。

メディアウイルスも同様の方法で広がっていきます。それは、認識されていない新種の殻を持っています。ルールを無視した異常な発信方法は、非常に衝撃的なので、私たちはそれを拡散させずにはいられません。たとえばある女性は、自分の夫が銃で撃たれて死んでいく様子をライブストリーム配信します。ある議員は、自分の性器の写真をスマートフォンで撮影して未成年者に送ります。ある大統領は、自分の指で１４０文字のメッセージを投稿して、公開の場で「核攻撃するぞ」と脅かします。

いずれの場合も、その話が最初に拡散する原因となるのは、メディアそのものではなく衝撃的なメッセージそのものです。このようなウイルスの殻は、単なるメディアにおける出来事ではなくて、注意を引き付けて人間が自ら考える能力をまひさせるための手段です。それを誤解していると、このウイルスに感染する時間と空間が生まれます。

ウイルスが増殖するのは、その遺伝情報が私たち自身の遺伝情報を攻撃できた場合だけです。だからこそ、ウイルスの中にある人から人に伝わる文化的な情報であるミームが重要なのです。誰かが亡くなった自動車事故は、衝撃的な光景であるために注目を集めますが、さらに、そのように危険な道具を自分が運転しているという事実によって、あるいは自分自身も死ぬ運命にあると気付かせることによって、自動車事故の記憶が私たちの心の中にまで入り込んできます。

同様に、メディアを通じて感染するメディアウイルスは、テレビやネットの強烈な影響によって大衆の注目を集めますが、その次には、集団的で無意識的な不安感に付け込んで精神に入り込みます。黒人の容疑者が警察車両によってひかれている監視カメラの映像は、アメリカの恥ずべき奴隷制の歴史と今も続く人種差別を思い起こさせます。ネオナチのボット（訳注　自動化された発信プログラム）によるノルウェーでのソーシャルメディア配信は、ＥＵによって自国のアイデンティティーが消えてしまうという積もり積もった不満を刺激します。

驚くべきことに、ある問題について賛成・反対どちらの立場にいる人も、その考えに共感してウイルスを複製するようになるのです。「この人がこんなことを言っている！」というだけで拡散する理由になります。ある選挙が近づいたときに、論争を好むソーシャルメディアで、極めて人種差別的かつ性差別的な候補者の発言を再投稿して拡散したのは、その支持者ではなく敵対者でした。ミーム、つまり人々に影響を及ぼしうる情報は、知性や思いやりなど人間性に関連するものに訴えているのではないからです。ミームは、人間の最も無意識的な衝動を刺激しようとしています。

22 メディアウイルスの危うさ

生物学では遺伝子によって生命体を操作しようとしますが、それと同じ方法でミームによって社会を操作することはできません。そのような試みは、人間の高度な能力、論理的な思考、集団としての自主性を無視することになります。それは、倫理にもとり、長い目で見れば効果がありません。また、反人間的でもあります。

なぜなら、次のような例があるからです。社会を良くしようとする善意に基づく反体制的なグループは、メディアウイルスと同様の手段を使って、自分たちのメッセージを広げようとしました。彼らは、組織的な不買運動によって大企業に対抗し、企業のブランドの価値を低下させました。高度に対話的な新しいメディア、インターネット環境が出現したとき、メディアウイルスを使えば未解決の問題に対応できるのではないかと思われました。ミームが人々の反応を誘発するのであれば、このアイデアは筋が通っており、それを使わない手はありません。

ところが、ここで問題となるのは、目的が正しいとしても、ミームの利用が正当であるとは限らないことです。ゲリラ的、反体制的なメディア活動家がとっていた口コミで情報を広める手法は、今日では、きわめて裕福な企業、政治家、宣伝工作員が利用するようになっています。彼らにとって、メディアウイルスは、もはや環境への脅威や不平等を告発するものではありません。それに対する反応が反射的で思慮に欠けた粗暴なものであっても、とにかく何らかの反応を生み出すのに効果的な手段なのです。もはや正しさは関係ありません。ミームは、それに対して戦うか逃げるか、という選択を迫るのです。この反応は極めて個人主義的で、社会的ではなく反社会的です。

メディアウイルスによって人々を操作しようとすることは適切ではありませんし、善意で行われるものでもありません。メディアウイルスの危険性は、そのウイルスが、思考や感情をつかさどる脳の新皮質を経由せずに、より重要な部分である脳幹へ直接に入り込むようになっていることです。たとえば、科学的に証明された気候変動についての知識よりも、「それはエリートの陰謀だ！」という発言のほうが強い反応を誘発します。洪水の被害を受けた町に対して気候変動を科学的に説明しても、これはしかたないことだと納得してもらえません。それどころか、被災者は被害妄想的な自己防衛に向かうようになるでしょう。メディアウイルスを利用した組織的宣伝活動は、寛容、社会的なつながり、多様性を理解する脳の部分に影響を及ぼすのではなく、食うか食われるか、戦うか逃げるか、殺すか殺されるかだけを理解する「爬虫類脳」の部分に影響を及ぼします。

23 ミームと人間の意図

ミームがどのように拡散し複製するかを研究するミーム学は、1970年代に、進化生物学者リチャード・ドーキンスによって初めて社会に広められました（原注10）。強力な無神論者であったドーキンスは、人間の社会が他の生物システムと同じ規則によって進化することを示そうとしました。つまり、ミームも遺伝子と同じように働くということです。競争、突然変異、そして、また競争。人間には動物と異なった特別なことは起こっていないと言うのです。

実際には、特別なことが起こっていることが分かりました。生物学的な遺伝子とミームが似ているという、この単純な説明には欠けているものがあります。遺伝子またはミームが、生命体または文化に関するあらゆることを決定しているのではありません。つまり、ＤＮＡは変化しない設計図ではなくて、異なる状況では異なる振る舞いをします。遺伝子は重要ですが、その遺伝子がどのように実際の生物においてどう表現されるか（発現）のほうがより重要です。遺伝子の発現は、遺伝子が泳いでいるタンパク質の有機物が混じり合った液体、すなわち環境によって完全に決まります。だからこそ、一匹ではおとなしいバッタが、農作物を食べ尽くすバッタの大群に変わってしまうのです（原注11）。

遺伝子は、自分だけで活動しているのではありません。遺伝子は、何が何でも利己的に自分を複製しようとしているのではありません。最近の科学では、遺伝子は社交的と言っても良いくらいだと説明しています。生命体は、環境や他の生命体と相互に情報をやりとりしながら変化しています。最初の遺伝情報と同じくらい、周囲の状態、環境、つながりが重要です。

これと同様に、人から人に伝わる文化的な情報であるミームは、周囲の影響を受けずに働いているのではありません。本当に文化の伝播を理解しようとするのであれば、ミームと、そのミームの周囲にあるウイルスの殻、そのミームが複製する環境の中の意図のさまざまなあり方、これら全てが同じように重要だと考えなければなりません。初期のミーム学では、ミームがお互いに競争していると考えていましたが、それは完全に正しいわけではありません。ミームは、人間の眠っていた恐怖、不安、怒りを発動させてそれを利用し、私たちを操ろうとします。ミームは、互いに攻撃し合っているのではなく、私たち人間を攻撃しているのです。

重要なものはミームではなく、それに対抗する、いわば有効な免疫を集める文化の能力です。

24 人間の社会という生命体

ミームの伝達に使われる技術は急速に変化しているので、あらかじめその技術の形態、つまりそのウイルスの殻を知ることはできません。したがって、社会を破壊しようとするミームに対する抵抗力、すなわち人間全体の生命体としてのつながりを強化して、集団的免疫システムを作っておかなければなりません。

チームヒューマンに対する敵が、人工知能を使ってミームによる闘争状態を激しくしようとしていると、このような対抗策をとることが難しくなります。彼らのアルゴリズムは、個々の人間に作用し、人間をお互いに切り離し、防御機能を無効化し、人間がコンピューター的な振る舞いをするようにプログラムしようとしています。テレビの広告主は、消費者を実験用ラットのように使って操作できるという考え方をとってきましたが、ソーシャルメディアも、この手法を武器として使っています。

少なくとも、テレビは公開されています。多数の視聴者の存在がテレビの力の根源でしたが、それは操作しようとする力を抑え込む力にもなっていました。テレビ局は視聴者を失うことを恐れて、不適切と思われる広告を検閲していました。これに対して、ソーシャルメディアの広告などのメッセージは、費用が極めて少額または無料であり、また、対象となっている人だけに見せるものであり、メッセージの出所や内容に不安を抱かない自動で発言が生み出されるプログラム、ボットによって投稿されることで、抑え込む力が働きにくいのです。

また、メディアが人間を孤立させるようにプログラムされ、メッセージが人間の競争好きな「爬虫類脳」の感覚に働きかけるように作られているとすれば、集団として防衛することはさらに困難になります。このような状態で私たちは、本物と偽物、現実と空想、あるいは災害と陰謀を区別する能力を失っています。

ミームによる闘争を通じて民主的プロセスを破壊しようとする勢力は、このことをよく理解しています。よく知られている説とは違って、彼らはあらゆる政治的立場からの宣伝活動に資金を投入しています（原注12）。つまり、特定の意図を持ったミームをソーシャルメディアで拡散することよりも、それによって引き起こされるいわば動物的な反応が重要なのです。

その内容が何であっても、ミームによる闘争は、協力、合意、共感を妨げます。闘争を発動させる爬虫類脳は、社会のためになる行動には関わりません。敵対的なミームの環境の中でソーシャルメディアによって孤立させられた人間は、個人の生存に不安を感じて、自分の立場を守ろうとします。

最悪なのは、このソーシャルメディアが作るコミュニケーション環境が対話的かつ民主的に見えるので、結果的には自分を守ろうとする個人主義が強まり、社会の劣化が現れることです。本当の意味で社会的であることが、個人にとっては制約だと感じられるようになります。たとえば、一見公平に見える約束事が表現を縛ってしまい、またあるいは、人類を弱体化させようとする人々に妥協してしまうことになるのです。

このような状況は、ソーシャルメディア、または、言語に始まって今までに出現したあらゆるコミュニケーション技術が意図したものではなかったはずです。言語は嘘をつくためのものではありませんし、文字は奴隷の数を管理するためのものではありません。それと同様に、インターネットは、誰かを批判するためだけに使われるものではありません。現実の社会が新しいメディアによって広げられるたびに、私たちは、意識的に努力してそこに人間らしさを持ち込む必要があります。

人間の社会という生命体を、まさに人間自身が作り出したものから守らなければなりません。

【3章原注】

1 Robert K. Logan, The Extended Mind: The Emergence of Language, the Human Mind and Culture (Toronto: University of Toronto Press, 2007).

2 John Lanchester, “The Case Against Civilization,” New Yorker, September 18, 2017.

3 Walter Ong, Orality and Literacy (London: Routledge, 1982).
日本語版　ウォルター・J・オング著、林正寛ほか訳『声の文化と文字の文化』(藤原書店、１９９１年)
Leonard Shlain, The Alphabet Versus the Goddess (London: Penguin, 1999).

4 W. R. Simmons, “Strangers into Customers,” marketing study prepared for National Broadcasting Co., New York, 1954.

5 David Halberstam, The Fifties (New York: Ballantine, 1993).
日本語版　デイヴィッド・ハルバースタム著、峯村利哉訳『ザ・フィフティーズ』全3巻（ちくま文庫、２０１５年）
The Century of the Self, film, directed by Adam Curtis (2005; United Kingdom: BBC Two, RDF Television).
Stuart Ewen, All-Consuming Images (New York: Basic Books, 1990).

6 Robert D. Putnam, Bowling Alone: The Collapse and Revival of American Community (New York: Simon and Schuster, 2000).

7 Don Peppers and Martha Rogers, The One to One Future (New York: Currency, 1993).

8 Douglas Rushkoff, “The People’s Net,” Yahoo Internet Life, July 2001.

9 Douglas Rushkoff, Media Virus! (New York: Ballantine, 1994).

10
Richard Dawkins, The Selfish Gene (Oxford: Oxford University Press, 1976).
日本語版　リチャード・ドーキンス著、日高敏隆訳『利己的な遺伝子 40周年記念版』(紀伊國屋書店、２０１８年)

11 Brigid Hains, "Die, Selfish Gene, Die," aeon, December 13, 2013.

12 Nancy Scola and Ashley Gold, "Facebook, Twitter: Russian Actors Sought to Undermine Trump After Election," Politico, October 31, 2017.

4章　図形と背景
——主と客が入れ替わる

25 ルビンの壺

人間の発明は、当初の意図とは逆の結果、あるいは人間にとって不都合な結果に終わることがよくあります。あるアイデアや仕組みが十分な影響力を持つようになると、それが状況を根本的に変えてしまいます。その発明が何らかの形で人間の役に立つ代わりに、人間がわざわざその発明のために働くようになってしまうのです。主と客が入れ替わっています。

一枚の絵でわかりやすく言えば、図形が背景になってしまうのです。

図形と背景（figure and ground、図と地）という考え方は、1900年代初期にデンマークの心理学者によって提唱されました（原注1）。この学者は切り抜いた紙を使って、人が中心部にある図形を見るか、あるいはその周囲にある背景を見るかを実験しました。今、私たちがよく知っている実験は、図形の中央を見ると白い壺が見えて、背景を見ると二つの黒い横顔が見えるというものがあります。この実験結果は、脳が物事をどのように認識して、記憶するかを解明する研究に役に立ちました。

今日に至るまで人々がこの実験に関心を持っているのは、状況や文化の違いによっては、図形と背景の見方が変わりうるからです。草原にいる牛の写真を見せられると、多くの西洋人は牛の写真だと考えます。これに対して、多くの東洋人は草原の写真だと言うのです。人間はものを見るときに、ある見方に強く縛られます。図形を見ている人は、背景が大幅に変わっても気がつきませんし、背景を見ている人は、草を食べている動物が何であったかを覚えていません。

どちらの見方が良いとか悪いとかではなく、どちらにも偏りがあるということです。スポーツ選手が自分自身を最優先に考えているとすれば、自分が働くための背景であるチームの価値を見落としていることになります。企業の人事部長が、一人一人の従業員は会社の歯車にすぎないと思っているとすれば、図形に当たる個人の価値や自主性を見落としています。

この図形と背景の関係を見失っているとき、私たちは、誰かが誰かのために何かをしていることを忘れ、他人を物のように扱ってしまいがちです。さらに、このような価値観に基づいた組織や技術を生み出します。しかし、図形と背景の逆転に気付くと、今までとらわれていた体制から自分自身を解放できることもあります。

ルビンの壺

1915年頃にデンマークの心理学者エドガー・ルビンが考案した多義図形。

26 何が逆転しているか

この図形と背景の逆転には、どこを見ればよいかを知っていればたやすく気付くことができます。たとえば、お金を考えてみましょう。お金は、もともと、価値を保存し、取引をスムーズにするために発明されました。お金は市場の主要な役目である価値を交換するための手段でした。お金が背景であり、市場が図形だったのです。価値の交換が主役です。ところが、今日では、この力関係が逆になっています。お金を得ることそのものが中心的な目標になり、市場はその目的を実現するための単なる手段になっています。お金が図形になり、多くの人間が存在する市場は背景になりました。

この関係を理解すると、法人資本主義という形態の大きな矛盾が分かりやすくなります。法人企業は、それ自身が依存している市場を行き過ぎた投資で破壊したり、四半期利益を増やそうとして最も生産性の高い部門を売却したりしています。それは、今では企業の商品が、消費者に提供する何らかの品物ではなく、投資家に売る株式になったからです。品物というリアルなもの、つまり図形が背景になってしまいました。

あるいは、人間性を尊重するという教育の理想が、その逆の経済第一主義に取って代わられたことを考えてみてくださ

PSSC物理教科書

宇宙開発でソビエトに後れを取ったアメリカの物理教育振興を目指して生まれた教科書。中・高校物理教育に衝撃的な改革をもたらした。

い。公立の学校は、当初は、労働者の生活の質を向上させる方法として考え出されました。読み書きの教育は、より良い炭鉱労働者やより良い農民になることを目的としていたのではなく、特権を持たない階級が、芸術、文学、宗教についての重要な作品に触れられるようにすることだったはずです。優れた教育は、民主主義が機能するために必要でもありました（原注2）。人々が正しい情報に基づいて選択する能力を持っていなければ、民主主義は簡単に専制政治に成り下がってしまうからです。

年月がたつにつれて、多くの国々で税収が減ってしまうようになり、国家間の競争が激化すると、学校はその役割をより具体的に示す必要に迫られました。１９６０年代にソビエト連邦が人工衛星スプートニクを打ち上げると、アメリカの高校では高等数学を教えるようになりました（原注３）。また、貧しい人々には、学校がより良い階級に上がるためのチケットになりました。高校や大学を卒業すれば、それまで閉ざされていた職業への道が開けます。教育の実効的な役割を示す良い理由ができました。

しかし、競争社会で優位に立つことやより良い職業につくことが、教育の主目的だと考えられるようになると、妙なことが起こります。カリキュラム全体が、生徒にとって職場で必要となる技術を教えるように書き換えられます。学校は企業に相談して、どうすれば生徒が企業にとって役に立つようになるかを探ろうとします。企業にとっては、従業員教育の負担を公立学校という外の組織に押し付けた形になりました。その一方で、学校は労働者階級の視野を広げるという役割をなげうって、職業にいかに早く適応できるかという短期的な目的に移ってしまいました。

労働者の生活の質を良くする代わりに、教育は生活を保つためのものになりました。学ぶことは、公的教育の本来の目的、すなわち図形だったはずなのに、今では背景、すなわち労働者が就職するための単なる手段になっています。

27 人間と社会の逆転を許さない

技術そのものには隠された策略などないように見えます。技術は何かの手段であることが当たり前なので、技術が異なる目的で使われたとしても、技術そのものに問題はないように思われます。

たとえば、大部分のアメリカ人は、仕事に行くために車が必要だという前提を受け入れています。より良い車があれば、より快適な通勤ができると思っています。しかし、これは、自動車産業によって、徒歩や電車での通勤をやめさせられた結果でしかありません。郊外都市のレイアウトは、私たちの生活の質を考えて作られているのではなく、働く人が利用する車の販売を促進するために決められています。車は通勤を便利にしているように見えますが、車のせいで、住宅と職場は相互にアクセスしやすくなるどころか、アクセスしにくい状態になっています。

このように、図形と背景が逆になってしまうと、単なる手段であったはずの技術は、かえって真の問題を覆い隠してしまいます。

教育におけるこの逆転は、コンピューターによる自動化された授業に現れます。わずかなコストや不便さと引き換えに、あらゆる実用的な結果を約束する、ということになっています。学習や知識を得るという本来の目的を主張すると、非効率なわがままだとか、あるいは落ちこぼれのエリートがすることだと嘲笑されます。コンピューター授業にはキャンパスが不要であり、さらには、生身の教師も必要ありません。状況に応じたアルゴリズムで作られるカリキュラムによる映像や対話型授業は、個々の学習者に合わせてカスタマイズされています。これは「役に立つ」教育の頂点です。個別の学習結果は効率的に数字で表され、習得した知識はコンピューターによるテストで採点されます。

もちろん、オンライン企業は就職試験の際にはコンピューター授業の成果に即した評価をします。仮に企業の人間が手心を加えなくても、人を選考するための技術は、教育プログラムに組み込まれている側面を高く評価するという偏りを持っているでしょう。

自動化された授業は、初歩的な職業関連のスキル、たとえば、機械修理、簡単な医療処置、データ入力などに適しています。しかし、創造的な思考や解釈には向いていません。コンピュータープログラミングの学習にも適していません。だからこそ、多くのまじめな開発者は、オンラインのプログラミング学校ではなく、人間の指導者や共に苦労する仲間がいる現実世界のプログラミングの訓練を選ぶのです。コンピューターで学習した人は、新しいことを発明することが得意ではありません。その仕事をするように訓練されただけです。作業を繰り返すことはできますが、目の前に置かれたシステムについて分析したり疑問を持ったりすることはできません。現実の大学がオンラインでの競争に力を入れれば入れるほど、深みのある教育を提供できなくなります。

このような理由により、多くの意欲的な技術者、開発者、企業家が大学をやめています（原注4）。技術系のある億万長者が、毎年、20人の若者に10万ドルを提供して、彼らが大学をやめて自分のアイデアを実現できるように支援しているのは有名な話です。この億万長者が学生たちに送っているメッセージははっきりしています。何か意味のあることを実現したければ、学校なんか気にするな、ということです。

教育を「役に立つ」ためだけにしてしまうのであれば、それはコンピューターで実施したほうが良さそうです。また、学校教育に反対の立場を取る億万長者が主張しているように、職業のスキルを学ぶのは、インターンまたは見習い従業員として、仕事そのもので学ぶほうがよく学べるでしょう。しかし、学校教育を評価しない人々が忘れているのは、学校が本当は何のためにあるのかということです。

生身の教育者は、授業の内容以上のものを提供します。人間との交流や存在感は、効果的な教育法の重要な要素です。さらに教師は、学習や批判的に物事を考えることのお手本を見せています。教師は、学生にまねさせるために、探求心をもって学習してみせているのです。このまねすることという行為そのものが重要です。他人のすることを見て、細部まで観察し、他人との信頼関係を築き、歴史につながることを通じて学ぶのです。これは、人が人のまねをして、それぞれの役割を見つけ、ある世代から次の世代へ知識を受け継ぐという古くからの習慣です。

本当に重要なことは、人間と社会との関係です。「役に立つ」は言い訳でしかありません。人間と社会の逆転を許すと、図形が背景になってしまいます。

28 ダムウェイターの目的

大部分の技術革新は、問題を解決して人々の生活を便利にするふりをしながら、人間を無視したり追い払ったりしています。この状況は、産業革命が実際に私たちに残した教訓です。

トーマス・ジェファーソンの有名な発明である食器や食品を運ぶ小型のエレベーター、ダムウェイターを考えてみましょう(原注5)。私たちは、これが便利なものだと思っています。厨房から食堂まで料理やワインを運ぶ代わりに、給仕は小型のエレベーターに物を入れて、ロープを引いてそれを上の階に移動させます。魔法のように料理と飲み物がテーブルに現れます。しかし、ダムウェイターの目的は、労力の削減ではありませんでした。真の目的は、人間を効率の奴隷にするというおぞましい罪悪を隠すことでした。

これは、技術の欠点というよりも、人間による技術の使い方の問題かもしれません。産業革命によって機械に関する多くの技術革新がもたらされましたが、実際に生産を効率化したものはほとんどありません。人間のスキルの重要性を低下させて、働く人の賃金を減らしただけでした。組み立てラインで働く人は、たとえば靴底に鋲を一個打ち込むだけ、というように、一つの単純作業だけを教えられました。訓練は何年もかかるも

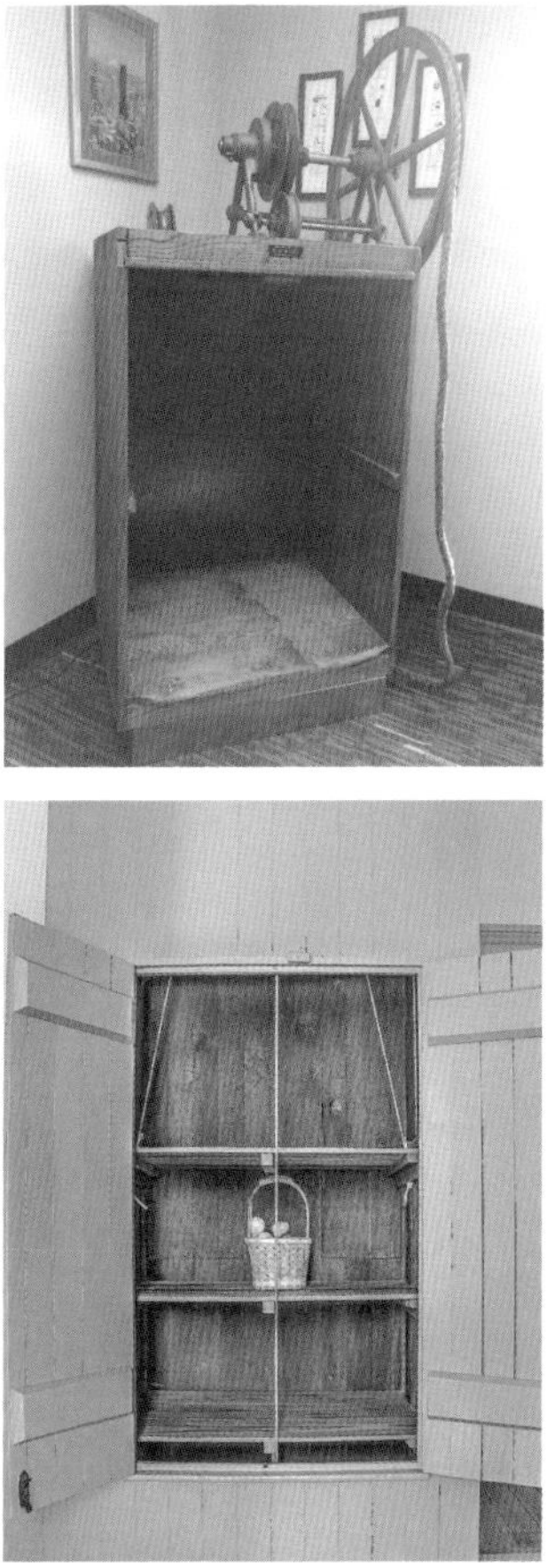

Dumbwaiter

ダムウェイター。便利な道具だとばかり思っていた。その目的がなんであったかを知ると黙ってはいられない気がする。

Duffymatot/CC BY-SA 4.0

のではなくなり、数分で終わります。働く人が賃金や条件に文句を言えば、翌日には別の人に入れ替えることができるようになりました。

工場主の夢は、働く人を全て機械に置き換えることでした。初期の消費者は、人の手が触れていない製品が気に入りました。機械加工された継ぎ目のない金属ケース、完全に一定間隔の縫い目など、産業革命による製品に驚きました。人間の手仕事の形跡は全くありません。

現在でも、中国の労働者は、スマートフォンの「仕上げ」として表面についた指紋を拭い取っていますが（原注6）、この作業には、働く人の寿命を縮めることが証明されている毒性の高い薬品が使われています。消費者は、自分の使う携帯電話が、わずかな給料で毒を扱う子供の指ではなく、魔法によって組み立てられたと信じたがっています。人間が関わっていないという錯覚を生み出すために、実際には人間の生命が犠牲になっています。

製品を大量生産するためには大量販売が必要ですが、これも同様に非人間的であることがわかっています。以前は、商品は、作った人から買うものでした。しかし大量生産によって生産者と消費者が分断されて、この人間関係はブランドに取って代わられました。昔は近所にある製粉所でオートミールを買っていましたが、今では何千マイルも離れた工場から出荷される箱入りのオートミールをスーパーで買います。現実の人間関係は、ブランドイメージ（つまりこの場合は、ほほえむクエーカー教徒）に代わってしまいました。しかも、生身の人間より魅力を感じるように注意深くデザインされています。

大量販売を成功させるために、生産者はマスメディアという技術をもう一度利用しました。大量生産は大量販売につながりますが、大量販売のためには、生産者はマスメディアを使って現実の大衆と接触を持つ必要があります。ラジオやテレビは、多くのファンとエンターテイナーとが接するために発明されたと思っているかもしれませんが、放送メディアの普及は、広告が必要と考えたアメリカの全国的ブランドが資金を提供して実現したものです。これによって、全国の消費者に広告を届けられるようになりました。当時のブランドの広報担当者は、アメリカの価値観を代表する大量販売ブランドの人気を広めることによって、愛国心に貢献していると考えていました。しかし、それに伴う損失は大きなものでした。

そして消費者文化というものが生まれ、またメディア技術は、人間関係よりも所有すること、社会的なつながりよりも社会での地位の高さを目指すようにと人々を促すための重要な手段になりました。人間の生活において人間関係があまり役に立たなくなると、目指すべきところはお金や豪華な暮らしなど、物質的な目標です。こうして社会の構造が破壊されてしまいました。

少なくとも産業革命以降、技術は、人間の価値を損ない、労働、ビジネス、文化における人間の必要性を低下させてきました。これが、前の時代からデジタル技術が受け継いだ遺産です。

オートミールのパッケージ

ここに微笑むクエーカー教徒が何故デザインされているのか詳しく知る人はほとんどいないだろう。しかし妙な安心感を受けてしまう。

29 デジタル世界は自由か

デジタルメディア環境では、図形と背景、すなわち人間とその発明品がきわめて簡単に役割を逆転させます。この環境では、さまざまなことを次々と実行しなければならないので、人間はより受け身で無意識に動くプレーヤーになってしまいます。その一方で、コンピュータープログラムは、人間の周囲の状況や行動に強い影響を与えています。

ある品物が何を行うようにプログラムされているのかについて、人間が本当に理解していなければ、逆にその品物が人間をプログラムするようになるでしょう。このようになると、人間は機械になったようなものです。たとえば、ミーム（人から人に伝わる文化的な情報）が生き残るために競争しているような状況（51ページ参照）では、図形であるはずの人間が背景として扱われてしまいます。デジタルメディア環境では、ミームは、話題になりそうなスローガンやアイデアだけではありません。プログラムという形で人間の知性に感染するように作られていて、その人をウイルスの複製者に変えてしまいます。ミームがプログラムであり、人間がそのプログラムを実行する機械になります。

ミームは、たった一つの目的を持っています。自分を複製させることです。人間に入り込んで、混乱、騒動、パニック、あるいは怒りを誘発し、入り込まれた人間がそのミームを誰かに伝えるように仕向けます。ミームは、「ミームを作れ」というたった一つの指令を発しています。口コミ、ソーシャルメディア、またはビデオ映像を使いながら、ミームに賛同して、あるいは激しく拒絶することによって、感染した人間はその指示に従います。

このミームが人間を操作するプロセスは、しだいに力を増していきます。人間がミームの複製者になって人間性を失うと、他人を見たときに、協力するべき仲間ではなくて操作する対象として扱うようになります。また、他の場合でも操られたり誘発されたりして、ビジネス、政治、さらにはデートでさえも、他人を操る能力によって決められてしまうようになります。人間に不可欠な社会的活動は、本来の大きな目的とのつながりを失って、完全に手段として使われます。人間の可能性の拡大とか選択の自由という見せかけの下に、私たちは本当のつながりや意義を手放しています。私たち自身が単なる手段になっているのです。

ここでの大きな逆転は、以前は技術が何かを実現するための手段だったということです。技術は、人間の意思、すなわち人間としての自主性を広げるものでした。技術は、人間により多くの選択の自由をもたらしました。

一方で、技術が切り開いた新しい自由には、人間と自然および人間相互の大切なつながりを妨げてしまう危険もはらんでいました。火のおかげで、人間の生活には寒すぎる場所にも住めるようになりました。電灯のおかげで、夜遅くまで起きて活動できるようになりました。飛行機のおかげで、何時間も時差のある場所へ一日のうちに行けるようになりました。鎮静剤のおかげで飛行機の中で眠れますし、到着すれば刺激剤で目を覚ますことができ、精神安定剤のおかげでこのような生活によるストレスにも対処できます。日の出や日の入りは、コンピューター画面の写真で見ることができます。

今まで調和を保っていた生物時計から外れた生活をし始めると、ますます人工的な操作に頼るようになります。昼や夜という時間も、さらには欲望までもプログラムされた、ショッピングモールかカジノに住んでいるような生活になります。壁、照明、天井、看板などが自然のもののように見えていても、あらゆるものは、何者かの策略によって用意されたものになっています。私たち人間は、自分以外の何者かによって、自分の知らない目的に合うように仕向けられます。スーパーマーケットで流れるBGMは、商品をショッピングカートに入れる回数を増やすようなリズムにプログラムされています（原注7）。オフィスの照明は、午後の眠い時間にも効率を落とさないように変化します。

このような点で、デジタル世界は究極のカジノのようなものです。最初は、特定の目的を持ったツールをいくつも集めたものだったのでしょう。たとえば、スプレッドシート、ワードプロセッサー、電卓、メッセージ、カレンダー、住所録などです。しかし、これらのツールは、現実世界での道具に似たようなものから始まって、ついにはそれに取って代わるものになりました。技術は人間が使う道具であったのに、人間が行動するための環境に変化しました（原注8）。

テレビゲームの画像が、ラフな矢印で宇宙船や星を示していたところから、高画質で質感まで表現されたシミュレーションの世界へと進歩したことを考えてみてください（原注9）。ゲームの面白さは現実感によって決まるのではありません。警官が泥棒を捕まえるゲームで、本物のような銃が表示されても、単純な線だけで表現された銃より優れたゲームだとは限りません。ゲームの世界の現実感が高くなればなるほど、ゲームそれ自体が持っている面白さは減っていき、プレーヤーは簡単に操られて、ゲームの世界で多くの時間、エネルギー、金銭を使うようになります。ゲームがおもちゃからシミュレーションになると、プレーヤーすなわちプレーする人は、プレーされる人になります。同じく、技術がリアルな道具から代替品になると、それを使っている人間は、ユーザーすなわち利用する人から利用される人に退化します。

たしかに、デジタル世界は多くの自由をもたらします。しかし、その自由はそれを作ってきたはずの人間にとっての、あるいは、少なくとも利用する人間にとっての自由ではありません。

30 人間がコンテンツに

対話型システムが開発された瞬間に立ち会った人々は、デジタル技術があれば、工業化によって失われた人間の力や人間が人間として扱われる状況を取り戻せるだろうと考えていました。

最も初期の対話型ツール、たとえばテレビのリモコンは、プログラミングと人間との関係を変えました。以前は、あるテレビ番組から解放されるには、テレビが置いてある場所まで歩いて行って、物理的にチャンネルを変えなければなりませんでしたが、リモコンのおかげで、指を少し動かすだけで解放されるようになりました。ケーブルテレビのチャンネルが増えると、特定のテレビ番組を見るよりも、テレビそのものを「プレー」することが多くなりました。すなわち、チャンネルを次々と変えながら複数の番組を同時に見たり、番組同士の似ているところや違うところをチェックするのです。

このプレーは進化し、ジョイスティックによってテレビはゲーム機に変わりました。テニスゲームやスペースインベーダーと同じ程度の面白さだったのでしょうが、画面上のピクセルを動かすという単純な機能が画期的でした。リモコンが一つ一つの番組をバラバラにしたのと同じように、ジョイスティックが技術をより近づきやすいものに変えたと感じさせたのです。画面のピクセルは、報道機関やハリウッドスターに専属するものではなくなって、誰でも操作できるものになりました。同様に、ビデオレコーダーは、番組を編集できることによって画面の世界での独占を破り、視聴者を制作者に変えました。

最後に、コンピューターのキーボードとマウスによって、テレビ画面は、見るだけのモニターから別世界への入り口に変わりました。インターネットは、私たちに自分自身のメディアを与えてくれ、アイデアをボトムアップで表現する能力をもたらしました。ついに、メディアは人間を互いに疎外するのではなく、人間をつなぐものになったと思われました。コンテンツよりもつながりが重要になりました。インターネットは、商業的テレビによってつながりを失ってしまった社会を救うものになるはずでした。

しかし残念ながら、古い産業革命時代の価値観を信じる人々や企業は、リモコン、ジョイスティック、マウスが解放したものを元に戻そうとしています。技術系企業は、人間の自主性を意図的に攻撃していたわけではなく、受け身の消費者の役割を強めようとしていたのです。

インターネットのジャーナリズムは、私たちが「アテンションエコノミー（人々の注意・関心を引くことを重視する経済）」の世の中で生きていると断言しました。この状況においては、ユーザーから注目される時間を得られるかどうかによって、企業の利益が決まります。子供たちは、テレビから離れてリモコンを使ってコマーシャルを見ないようにする一方で、人を操ろうとする番組を見て回っていましたが、チャンネルを頻繁に変えすぎると非難されるようになりました。しかし、どこを見ても広告だらけの世界で、子供たちにそれ以外の方法があったでしょうか。注意欠陥・多動性障害の治療薬アンフェタミンの若者に与えられる量が数年ごとに倍になっている状態を見ると、私たちは、注意欠陥がこれほど広まってしまった要因について、考え直さなければなりません（原注10）。

その一方で、コンピューターの操作は分かりにくくなりました。初期のコンピューターは、単純なコマンドをタイプして操作することができました。コンピューターの使い方を学ぶということは、コンピュータープログラミングを学ぶことでした。ある程度の時間がかかりますが、それによって、ユーザーは機械の支配者という立場になりました。プログラムが何かを実行できない場合、コンピューターにその機能がないからなのか、プログラマーがユーザーにその機能を使ってほしくないのかをユーザーは分かるようになっていました。
コンピューターを使いやすくしようと努力して、開発者は、現実の机の上をまねたデスクトップとファイルという機能を生み出しました。消費者は、コンピューターを利用するための高速道路の入り口を手に入れましたが、プログラミングからは遠ざかりました。あるオペレーティングシステムでは、ソフトウェアをインストールするのに「ウィザード」を呼び出す必要がありました。ユーザーを助けてくれる機能を目指したものではありますが、ウィザードの採用によって、一般的なユーザーにとっては、コンピューターの中で何が行われているのかは秘密になってしまいました。

そしてついに、デジタルネットワークによって実現した、「つながり」という新しい文化はお金が儲からないことがわかって、「コンテンツが王様」という考え方がコンピューター業界全体に広まりました。もちろん、ネットワーク上のコンテンツはネットが送るメッセージではなく、社会的なつながりこそが本来のメッセージだったはずです。私たちは、地球規模の知性が新しいレベルのつながりに到達して、自分自身を目覚めさせようとして送っている脳への刺激、最初のシナプス伝達――つまりデジタルネットワークによる「つながり」を目撃していました。しかし、その高度な目標は、全く儲からないものでした。したがって、現実の人間同士の会話は記事のコメント欄に追いやられるか、良くても、製品レビューになる程度でした。ネットワークを使ってコミュニケーションしようとしても、せいぜいブランドの話をするだけです。オンラインコミュニティーは、人間の互いの助け合いではなく、製品の購入についての仲良しグループになりました。現実の「ソーシャル」メディアは、買い物やネット記事を見ることよりも、人々相互のつながりのほうがデータとして「役に立つ」と考えられるようになってから、ようやく盛んになりました。

やはりコンテンツが王様ではありますが、今度は人間自身がそのコンテンツになってしまいました。

【4章原注】

1 Jörgen L. Pind, Edgar Rubin and Psychology in Denmark (Berlin: Springer, 2014).

2 John Dewey, Democracy and Education (New York: Free Press, 1997).

3 Alvin Powell, "How Sputnik Changed U.S. Education," Harvard Gazette, October 11, 2007.

4 たとえば、ビル・ゲイツ (Bill Gates)、スティーブ・ジョブズ (Steve Jobs)、マーク・ザッカーバーグ (Mark Zuckerberg)、エヴァン・ウィリアムズ (Evan Williams)、トラビス・カラニック (Travis Kalanick)、ラリー・エリソン (Larry Ellison)、マイケル・デル (Michael Dell)、ジョン・マッキー (John Mackey)、ジャン・コウム (Jan Koum) など。

5 Consider Thomas Jefferson's famous invention, the dumbwaiter Silvio A. Bedini, Thomas Jefferson: Statesman of Science (Basing stoke: Palgrave–MacMillan, 1990).

6 Victoria Turk, "China's Workers Need Help to Fight Factories' Toxic Practices," New Scientist, March 22, 2017.

7 Douglas Rushkoff, Coercion (New York: Riverhead, 2000).

8 David M. Berry and Michael Dieter, Postdigital Aesthetics: Art, Computation, and Design (Basingstoke: Palgrave–MacMillan, 2000).

9 Heather Chaplin, Smartbomb: The Quest for Art, Entertainment, and Big Bucks in the Video Game Revolution (Chapel Hill: Algonquin, 2006).

10 "Prescribed Stimulant Use for ADHD Continues to Rise Steadily," National Institute of Mental Health, press release, September 28, 2011, https://www.nih.gov/news-events/news-releases/prescribed-stimulant-use-adhd-continues-rise-steadily.

5章　デジタルメディア環境
——モノ化される人間

31 デジタル技術は人間の能力を拡大するか

デジタル技術は、それ以前に生まれたメディアよりも、本質的には必ず人間の力を拡大させるものだ、と純真な私たちは考えていました。確かにデジタルネットワークは、その先祖であるラジオやテレビの放送と比べれば、一方的でも中央集権的でもありません。メッセージを下から上へ、あるいは外から中へ伝えることもできます。しかし、あらゆるメディアと同様に、それぞれの権利を求める人々が注意していなければ、他の人や物によって支配されてしまいます。

メディアを支配する者が社会を支配します。

文字、印刷、放送、インターネット……と新しいメディア革命が起こるたびに、少数のエリートが持っていたメディアの支配を人々が取り戻して、損なわれていた社会的なつながりを作り直すチャンスが来ると思われてきました。しかし、今までのところ、人々すなわち大衆は、そのメディア革命よりも一つ前の段階に常にとどまっていて、支配され続けています。

たとえば、古代エジプトでは、王様、すなわちファラオだけが神の言葉を直接聞くことができて、ファラオ自身が神のようなものだ、という約束の下に国家が作られていました。その一方で、大衆は神の声を聞くことはできず、信じることしかできませんでした。

文字の発明によって、うまくいけば初めから文字による文化ができたのかもしれません。しかし、文字は、財産や奴隷の数を記録するためにしか使われませんでした。その後、宗教儀式で文字が使われましたが、そのへブライ語またはギリシャ語の文字を読んで理解できるのは僧侶だけでした。人々は、僧侶が聖書を読むのを聞くという形で、一つ前の時代の能力、つまり神の言葉を聞くことができるようになりました。しかし、そのとき僧侶は、すでに文字の読み書きという一歩進んだエリートのための能力を手に入れていました。

ルネサンス時代に印刷機が出現すると、人々は読むことができるようになりましたが、文章を生み出し、他に伝える能力は王および選ばれた関係者だけが持っていました。同様に、ラジオやテレビは、企業や抑圧的な国家に支配されました。人々は、それを見聞きすることしかできませんでした。

コンピューターと共に、人々は自らもプログラムできる可能性が芽生えたはずです。また、オンラインネットワークのおかげで、人々は自分のブログやビデオをネットに発表する能力を手に入れました。しかし、この書くという能力は、一つ前の時代にエリートが持っていたものでした。そのときエリートは次のレベルに進んでおり、書くという能力を実現するためのソフトウェアを支配しました。

今日では、ついにプログラミングを学ぶことが勧められるようになりましたが、メディア環境を支配するためには、プログラミング能力は必要ありません。開発者は必要なアプリを作ることができますが、そのアプリを使ったり人々に広めたりするためには、一般の人々が自由にアクセスできない、わずか数社が絶対的に支配している大きなサーバーなどの環境を利用しなければなりません。アプリ自体は、ネットワークで起こっている現実を見えないように隠しているものにすぎません。その現実とは、プラットフォームを所有する企業は、私たち全員に関するデータを集めているということです。

文字や印刷が登場したときと同じように、私たちは新しいメディアによって解放され、果てしなく広がるフロンティアを得たと思っています。しかし、新たに得られた能力は、従来の支配層によって制限されています。実際には、私たちは後から独占しようとする人たちのために、荒野を開拓しているのです。

32 デジタル技術によって操られる人間

メディア革命の問題点は、何が本当に新しいものであるのかを見失いやすいことです。私たちは新しいピカピカのおもちゃに気を取られていて、新しいメディアによって人間の能力を高めることができるということに気が付きません。最終的には、自分のものにできるはずだった政治的および社会的な能力を、時の権力者に譲り渡す結果になってしまいます。そして、新しい発明と私たち自身は、新しい計略のための単なる手段になってしまうのです。

あらゆる社会現象には、このような空洞化が生まれます。パンクロッカーが、モヒカン刈りや顔面にピアスする権利を守ろうとしなければ、彼らが権威に対抗するための重要な考え方であるはずの、自分で作り出すこと、直接的な行動、仲間を裏切らないことなどが忘れられます。そうなると、パンクのスタイルは、ショッピングモールで販売されるファッショントレンドの一つになってしまいます。レイブパーティー（訳注　屋外や特別な会場でダンス音楽を一晩中流す大規模な音楽イベント）の参加者が、それはドラッグを使用して一晩中ダンスすることだと考えているならば、公共空間の新しい利用や娯楽を利益に結び付けないことという深い政治的な意義が忘れられてしまいます。レイブは、資本側が売り込もうとするジャンルの一つになってしまいます。スタイルを取り入れているだけになって、その本質である権力と人々の関係を変えることが置き去りにされています。

デジタル技術が出現したとき、私たちは、この新しいツールによって得られる政治的、社会的能力をあまりにも早く手放してしまいました。そしてその能力は、すでに力を持っている側の利益の元になったのです。たとえば、初期のインターネットでは、現実の世界では決して出会うはずのない人同士の会話が可能になりました。カリフォルニアの物理学者、オランダのハッカー、東欧の哲学者、日本のアニメ作者、そしてニューヨークにいる私を隔てる距離は、ネットワークによって大幅に縮まりました（原注1）。

この初期の会話の環境は、テレビや電話と違って、インターネットのメッセージ交換がリアルタイムではないという性質を利用していました。ユーザーは、ネットでの会話をダウンロードし、自分の都合の良い時間に読んで、一晩考えた後で返信の文章を作成しました。それからネットに再び接続して、投稿をアップロードし、他の人たちの意見が返ってくるのを待ちました。

その結果としてインターネットは、人々が行儀よく見え、また、そのように行動する場所になりました。人々が最高の自己を見せ、上質な会話が喜ばれるバーチャルな空間を想像してみてください。農民の組合が共有している水源を自主的に守っているのと同じ方法で、自発的なコミュニティーがこの空間を管理していました。初期のインターネットにアクセスするためには、ユーザーは、いかなる商業的活動にも関わらないという約束に同意しなければなりませんでした。広告ははっきりと禁じられていました。後にネットを独占的に支配するようになる検索企業やソーシャルネットワーク企業も、最初のうちは、自分たちが創造しつつある人間中心の文化をないがしろにしてしまうから、広告を許さないと明言していました（原注2）。

しかし、年月がたつとともに、ネットのそのような純粋さは、投資家へ投資を促すことへと道を譲ることになりました。ビジネス雑誌は、インターネットによって経済成長の余地が生まれ、滅びつつある株式市場を復活させることができると宣伝しました。ただし、そこで新たに生まれる資産はバーチャルなものなのですが……。もともと学術的な研究に役立つように作られた検索プログラムは、世界最大の広告代理店に変わり、人々のつながりを促進するように設計されたソーシャルメディアの仕組みは、世界最大のデータを集める業者になりました。

それでも、熱心な人はネットを教育や政治と結び付けようとしました。彼らは学校に科学技術を取り入れ、アフリカにノートパソコンを普及させようとしましたが、デジタル社会の本質的な価値観は、電話回線を使った低速度の通信の時代そのままに取り残されていました。インターネットの主な目的は、ナレッジエコノミー（知識による経済）から、アテンションエコノミー（関心による経済）へと変化しました。私たちの知的な進歩を支援するのではなく、インターネットは「常時オン」のメディアになって、物を売り込もうとする人や、私たちの行動を追跡してデータを集めたい人に都合が良いものになりました。

かつてネットに接続することは能動的な選択でしたが、今や常時不変の状態になりました。スマートフォンやウェアラブル機器という形で、ネットが私たちの身体に縛り付けられました。何かしらの通知や更新、ニュースや試合結果、あるいはソーシャルメディアのメッセージやコメントが発生するたびに音や振動で知らせてきます。私たちは永遠にコンピューターからの割り込みが発生し続ける状態で生活することになってしまいました。以前は緊急通報の受付オペレーターや航空管制官だけが耐えていた状態です。さらに言えば、私たちは24時間年中無休で、しかもそんな環境を得るためにお金を払っています。

その結果として生ずる混乱は、自然に増えていきます。コンピューターからの割り込みが多ければ多いほど、余計に気が散って、行動の指針となる現実世界が見えにくくなります。私たちは、さまざまな技術によって操られ、指示されるようになります。その技術の本当の目的は、人間を混乱させて行動を支配することなのです。私たち人間は、デジタル環境において、主人公つまり図形から背景へと変化しています。

33 パースエイシブテクノロジー

デジタルによって強化された関心による経済の中で生活するのは、無意識のうちに操作されるという攻撃に常にさらされているということを意味しています。いわゆるパースエイシブテクノロジー（訳注　望ましい行動を導くように促す技術）は、アメリカのいくつかの有名大学で研究されているデザイン哲学で（原注３）、ある意味ではこの攻撃の洗練された形です。今では、ｅコマースサイトやソーシャルネットワークからスマートフォンやフィットネスのためのリストバンドまで、さまざまなデジタル環境に装備されています。多くの場合その目的は、ユーザーが知らないうちに、同意を得ることなく日常の行動を変えてしまうこと、そして、知らず知らずのうちにある習慣が作られることです。

また、ビヘイビアデザイン（行動をデザインする）理論では、人間の考え方や意見が変化したとしてもその行動は変わらないと、逆に、行動に合わせて考え方が変わるのだと考えています（原注４）。この理論では、人間は自主性を持って思考する存在ではなく、まるで機械のようなものです。少なくとも機械のような行動をとらせることができると考えられています。

したがって、望ましい行動を導くように促す技術、パースエイシブテクノロジーは、論理によって、または感性に訴えて人間に影響を及ぼすことを目指しているわけではありません。これは、従来の意味での広告や販売促進ではなく、戦争で使われる心理作戦、あるいは刑務所、カジノ、ショッピングモールで行われているような心理的操作に似ています（原注5）。このような環境の設計者が特定の色、音楽、照明を使って人々にある行動を促すのと同じように、ウェブプラットフォームやスマホアプリの設計者は、アニメーションや音声を細かく調整してユーザーの感情的な反応を引き出します。デジタル環境の全ての要素は、より多くのページビュー、より多くの買い物、中毒のような利用など、その環境が意図する反応を生み出すことが明らかになっています。新着メールは幸福そうな音、メールなしの場合はちょっと悲しい音です。ソーシャルメディアの表示画面を更新するためのスワイプ動作は、念のために確認しておく、そうしておかなければならないという心理をかきたてます。

パースエイシブテクノロジーの戦略は、デジタル環境が正しく世界を再現しているということをユーザーが信じるかどうかにかかっています。ネットの画面が現実世界を見るための窓であると信じると、画面に並んだ商品の画像を受け入れやすくなります。しかし、提示されていない選択肢はどうなるのでしょうか。それは本当に存在しないのでしょうか。

「我が家の近くにあるピザ店」という単純な検索に対して、掲載料を払った店だけがリストに表示されて、掲載料を払っていない店は表示されないのかもしれません。パースエイシブデザインでは、それぞれの条件でいくつかの選択肢を示しますが、これは、ユーザーが本当に自主性を発揮してネットの限界から飛び出してしまわずに、どのように店を選ぶのか、そのパターンをユーザーに教え込むためです。ゲームデザイナーが全てのプレーヤーに同じ物語を進ませるのと同じです。このとき私たちは、最初から最後まで自分自身で選んだと思っていますが、このような選択は本物ではありません。全ての選択肢は、デザイナーがあらかじめ用意した結果に必ずたどり着くからです。画面そのものは中立的に見えるので、私たちは提示された選択肢をそのとおりに受け取っています。しかしその選択肢は、そもそも選択肢ではなくて、私たちに制約を受け入れさせるための新しい手段なのです。メニューを支配する人が、選択肢を支配しているのです。

常習的な繰り返しを促そうとするデザイナーは、行動経済学者が「変動報酬」と呼ぶ考えを利用します。これは、つまり「ご褒美はいつもらえるか分からない」ということを意味しています。ご褒美を得る——たとえば食べ物にありつくこと——の背後にどんな仕組みがあるのかを人間は知りたがることを１９５０年代にマーケティング心理学者たちが発見したのです。人間が環境の変化に対応して生き残るという観点では、それも道理にかなっています。突風が吹くと、間もなく雨が降るということです。水中での魚の動作を予測すれば、魚を突き刺して捕まえるのが簡単になります。

スロットマシンの設計者の手にかかると、ご褒美の背後には何があるのかを考える特性は消費者の弱点を突く手口になります。スロットマシンは、ランダムな間隔で少しずつ報酬を与えることにより、そのパターンを解明しようとする人間を不安にさせます。私たちの意識としては、スロットマシンの当たりがランダムに出る、あるいは、もしかすると私たちのお金を巻き上げるために不公平になっているかもしれない、と考えています。しかし、コインがランダムな間隔でジャラジャラと飛び出してくると、潜在意識の下では、パターンを見つけてプレーを続けようとする強い欲求が生まれます。コインは10回ごとに出てくるのだろうか？　5回ごと？　あるいは、5、7、10と来て、また5に戻る？　もう一度やってみて確かめよう……

この強い欲求は、ランダムなシステムを理解しようとする無駄な努力です。しかしこの欲求は一度発生すると、それを振り払うのは難しくなります。だからこそ、スロットマシンのパターンに関する学術論文は、技術系の企業で「ユーザー体験」と呼ばれているものを担当する人たちの必読書になったのです（原注６）。これは、私たちがメールを中毒のように何度も何度もチェックする理由でもあります。メールを10回チェックするたびに重要なメールが1回届いていることを確認するのです。いや、もしかして11回ごと？

パースエイシブデザインでも、社会的な条件付けを利用しています。人間は、社会の中で何か重要なことが起こっているかどうかを知りたいという欲求を発達させてきました。集団の仲間が病気になったり、怒っていたりするのを知らないままでいると、悲惨な結果になる可能性があります。つまり、人間は知らないでいることを恐れるのです。心理学の専門家によれば、このチャンスを逃してしまうかもしれないという恐れを使って人間に直接働きかけて、行動を起こさせることができます。人々は、好奇心を刺激する何かが話題になっているというわずかなサインがあれば、そのとき実施していたことを投げ出してネットに接続して情報を得ようとします。そこでデザイナーは、アプリのアイコンに赤い丸数字を付けて、何かが起こっていること、コメントがたまっていること、あるいは話題がトレンドになっていることを知らせます。その呼び掛けに注意を向けなければ、話題に乗り遅れてしまいます。

ネットのユーザー体験は、承認されたい、義務を果たしたい、という人間の社会的欲求を刺激するようにも設計されています。集団で団結して事に当たるという大昔からの適応の結果が、今では人間の弱点になっています。私たちは、ソーシャルプラットフォームで「いいね」や「フォロー」の数を増やそうとします。これらの数が社会に受け入れられたことを測る唯一の方法だからです。一つ一つの数の間に強弱の差はありません。少数の人に本当に好かれているかどうかを知ることはできません。分かるのは、多くの人から「いいね」をもらったことだけです。また、誰かが「いいね」を付けてくれたり、ソーシャルネットワークで「友達」申請してくれたりすると、お返しをしなければならないという社交上の義務を感じます。

一部のプラットフォームは、仲間と競争しようとする衝動を楽しそうに利用しています。ウェブサイトには、投稿数、購入回数など、企業が増やしたい数値が多い人の順位表が掲示されます。ユーザーは、皆勤賞や表彰バッジなどでそれらの数やそれが作るステータスを誇るために、たとえそれが仲間内だけのものであっても競争しようとします。企業の従業員、学生、消費者、さらには株式のオンライントレーダーも、ゲーム化されることによってこのような意欲を刺激させられています。多くの場合、このゲームは不満足な結果になりますが（原注7）、それでも勝ちたいという衝動によって人々の目は曇らされます。

多くのインターフェースでは、さらに進んで、人間の採食本能を利用して行動を中毒のようにさせようとしています。デザイナーは、終わりのない画面表示をすると、最後を見たいという欲求が満たされないので、ユーザーが次の記事、投稿、メッセージを見ようとしてスワイプし続けることを発見しました。

その一方で、デザイナーは、私たちが常に混乱した状態にあるように仕向けます。常にスクロールして何かに注意を向けてはいるけれども、没頭してしまうほどではないという状態です。そこで、彼らは、私たちが作業を中断して、メールチェック、ソーシャルメディア、ビデオ、ニュース、そしてデートアプリというように移動し続けるように仕向けます。次々と移っていく瞬間は、広告を提示したり、より操りやすい方向へユーザーを誘導したりでき、あるいは、説得力を高めるための個人データを収集する企業にとってのチャンスになるのです。

34 ビッグデータが私たちの行動を決める

巨大デジタル企業のパースエイシブ技術者は、人間の自主性を尊重して、十分な情報に基づく判断を助ける技術を考えるのではなく、知覚することを妨げ、考え深い選択（または考えることそのもの）を難しくして、衝動的に行動するように追い込む仕組みを作ろうとしています。

私たちは、スマートフォンやソーシャルメディアを利用しているときには、通常時よりも明らかに知能が低下することを知っています（原注8）。それ以外のときと比べて、情報を理解したり記憶したりできなくなり、内容の把握が浅くなり、衝動的に決断しています。さらには、この緩んだ精神状態では、現実と虚構、憐れみと残忍さ、人間性と非人間性を区別する能力が低下します。チームヒューマンに対する真の敵は（そう呼ぶのが適切だとすれば）、人間を支配するプログラムを作る人ではなく、彼らがその目標実現のために利用しているコンピューターによるアルゴリズムです。

アルゴリズムは、人間に直接働きかけるわけではありません。私たちが自分のあり方や行動を決める際に残したデータを利用します。そして、そのアルゴリズムがそうであるに違いないと判断した「私たちの姿」に合った行動を私たちがとるように仕向けます。つまり、アルゴリズムから見れば、人間は集めたデータに忠実であってほしいのです。

複雑に絡み合った現実世界での人間の行動は、比較および分析するために、全てデータに置き換えて保存されます。このデータには、訪問したウェブサイト、購入した商品、クリックした写真だけでなく、現実世界での行動、たとえば運転の癖や移動ルートも含まれます。これは地図アプリとＧＰＳを使って記録されています。エアコンの自動温度調節機能や冷蔵庫などさまざまな機器が、人々の行動パターンのデータを集めています。

多くの人は、自分に関するどの情報が企業に記録されているのか不安に思っているでしょう。電子メールの内容、こっそりと見ているウェブサイト、あるいは服用している薬などを他人に知られたくありません。しかし、それは、いい加減なネット販売業者が購入履歴に基づいて広告を表示するという程度の話です。アルゴリズムは、そのような情報には関心がありません。私たちのプロフィールを特定した上でどのように操るかを決めるアルゴリズムは、個々のデータではなく、企業が集め、ため込み、比較している、特に意味のなさそうな広い意味でのデータ全体に深く関わっています。

たとえば、ジョー君は12マイルの距離にある職場まで通勤し、16分ごとにメールを見て、無脂肪クッキーを購入し、あるテレビ番組を放送後2日たってから見ているとしましょう。アルゴリズムは、個別の情報には関心がありませんし、ジョー君がどのような人間であるかについて何らかの判断をするわけでもありません。アルゴリズムが注目するのは、ジョー君が統計的な区分の中でどこに位置しているか、その区分の人々が将来同じような行動をとる可能性がこのデータの中にどのくらいあるか、ということです。

これらの数値を大量に処理し、過去の行動と次の行動を常に比較し続けることによって、いわゆるビッグデータのアルゴリズムは、驚くべき精度で私たちの行動を予測することができます。ソーシャルメディアサイトは、私たちについて収集したデータを使って、約80パーセントの精度で、誰が離婚するか、誰がインフルエンザにかかるか、誰が妊娠するか、誰が性的な好みを変えようと考えているかなどについて私たちが自分で気付く前に判断しています。

たとえば、メアリーさんが今後3週間のうちにダイエットを始める可能性は80パーセントだとアルゴリズムが判断したとすれば、メアリーさんの画面には、ダイエットに関するメッセージやニュースコンテンツばかりが表示されます。「太ったような気がしませんか？」　こうしたメッセージは、そのサイトのさまざまな広告主が有料で配信しているターゲットマーケティングです。しかし、メッセージの目的は、特定の広告主の商品を売るというだけではありません。その奥にある目的は、ユーザーに対して、その人について集められたデータと合った行動をとるように仕向けることです。

ソーシャルメディアプラットフォームは、メアリーさんがダイエットを始める可能性を80パーセントから90パーセントに増加させたいと思っています。だからこそ、メアリーさんのタイムラインは、このようなターゲットメッセージで埋め尽くされるのです。アルゴリズムで判断した運命にメアリーさんをうまく合わせることができれば、そのプラットフォームは予測の精度が高く、人間の行動をある方向に導く大きな力があると言えるのです。

アルゴリズムは、過去の行動を使って人間を統計上のグループにまとめて、私たちが前へ進もうとするときの選択肢の範囲を決めてしまいます。ビッグデータのある区分に属する人々の80パーセントが、すでにダイエットを始めるつもり、または離婚するつもりになっているならば、それはそれで良いでしょう。しかし、残りの20パーセントは？　その人たちは何をしたいと思っていたのでしょうか。他の人々に同調するように説得されなかった場合には、どのような例外的な行動、新しいアイデアや方法が生まれていたのでしょうか。

人間の活動には、多くの場合、「パレートの法則」という傾向が見られます。80／20の法則とも言われます。80パーセントの人は、大多数の消費者のようにどちらかと言えば受け身に行動しますが、20パーセントの人はより積極的または創造的に行動します。たとえば80パーセントの人は、オンラインで動画を見るだけですが、20パーセントの人は、視聴した動画にコメントを付けたり自分自身で動画を投稿したりします。80パーセントの子供は、想定されたとおりにゲームをプレーしますが、20パーセントの子供は、ゲームを改造したり自分でゲームを作ったりします。20パーセントの人々が新しい可能性を切り開くのです。

私たちはアルゴリズムを使ってその20パーセントを排除しようとしています。それは予測不可能で風変わりで多様性のある変則的な行動です。しかし、人間の多様性、すなわち戦略や戦術の多様性が減ってしまえば、種としての人類の強さや持続可能性が低下します。生存に関することだけでなく、面白み、多彩さ、人間性が減退します。人間の不ぞろいな末端部分が、やすりで削られてしまいます。

ここでは、図形と背景を明らかに反転させて、人間を予測可能で機械的なものにするためのコンピューターアルゴリズムが開発されています。

35 デジタルコミュニケーションの「待ち時間」

現実世界では、行動が何らかの結果を生んで、それによって人間の価値が判断されますが、そのような結果や判断を気にしなくてもよいバーチャルな空間では、新しい形の人間関係、ふだんとは異なる役割、ありそうもない結び付きが起こりうると期待されていました。

しかし、人間同士が敵対することを商売に利用したい人にとっては都合のいいことですが、デジタルメディアは、あまりうまく人間のつながりを生み出せていません。少なくとも自分の身体や脳が「本物だ」と実感できるような形で、オンラインで他人との本当のつながりを作ることはできていません。

神経科学者の定説によれば、人間が信頼できる関係を構築したり、安心感を維持したりするためには、リアルな3次元空間からの入力を必要としているということです(原注9)。ものごとを覚えるときには、物理的な場所の記憶と結び付けられるほうがよく覚えています(原注10)。たとえば、デジタルファイルよりも本で勉強するほうがよく覚えられます。

人間の神経系、つまり神経が作る知覚と統御のシステムは、現実世界から受け取る入力に基づいて、ゆっくりと自分自身を調整しています。乳児は、母親の隣に寝転んで神経系をまねすることによって、眠りにつく方法を身に付けます。不安を抱えた人は、森の中を散歩すると落ち着きます。目を見つめて心が通い合うと、他人を信頼できるようになります。呼吸のリズムが一致することによって、集団とのつながりを感じることができます。

デジタル技術は、脳や身体をだまして、これと同じ状態にするのがあまり得意ではありません。確かに、近いところまでは行っています。デジタル録音には「ノイズフロア」、すなわち電気回路自体が出すノイズが全くありません。しかし、それは生物的な本物らしさとは同じではありません。昔のレコードアルバムは、それ自体が物でした。ＬＰレコードの場合は、パチパチとかザーザーというノイズが聞こえましたが、それによって人間の脳や身体は、レコードが演奏されているという部屋の中での出来事に合わせて自分自身の神経の働きを調整できました。デジタル録音の再生は、現実世界の出来事というよりも、数学的な記号のようなものが空中に投影されているだけです。脳や身体には、これについて感じ取るための生物的なよりどころがありません。

携帯電話やテレビ電話についても、生物的なよりどころはありません。会話する相手の目を画面の中で見つめても、瞳孔が大きくなっているのか小さくなっているのかわかりません。もしかしたら、呼吸するペースを読み取って無意識のうちに呼吸のリズムを合わせて、信頼関係を築くことができるのかもしれませんが、あまりうまくいきません。誰かの顔を見たり声を聞いたりしているのに、文字よりも多くの情報を得られません。デジタルのコミュニケーションの場では、そのせいで、私たちは混乱してしまいます。

このようなやりとりにおいて、本物らしさを高めるために技術者が使っている手法は、本質的に偽物であり、信号よりもノイズのほうが大きくなっています。一例を挙げれば、音楽ファイルの圧縮に使われるＭＰ３アルゴリズムは、音楽を正確に再現しているのではありません。脳をだまして音楽が元どおりに聞こえると思いこませるように設計されています。低音や高音に対応するある種の感覚を作り出すことによって、音を再生するのに貴重な通信帯域をあまり使わずに済むようにします。イヤホンを通して聴くと、この疑似音声はそれらしく感じられます。ところがステレオスピーカーで再生すると、欠けている情報が明らかになります。耳だけではわからなくても、人間はその音に応じた振動を吸収しようと待ち構えていますが、その振動がないので身体全体が物足りなさを感じるのです。アルゴリズム圧縮を使ってコミュニケーションしているとき、実際にはそうでないのに鮮明な画像を見ている、あるいは本物らしい音声を聞いていると思わされています。

「原音らしさ」を気にするオーディオ技術者は、別の方法で音声を復元しようとします。より広いダイナミックレンジを得るためによく使われる方法は、速度を落とすことです。ある人が何かを話すとコンピューターは、それを録音して、受信側へ送信する前に一度バッファ（訳注　一時的にデータを蓄えるメモリ）に保存します。コンピューターの処理が追い付くのを待って全体をまとめてから送信するので、デジタル送信はごくわずかな時間停止します。私が話した後、少しの間をおいてから相手に声が聞こえるということになります。この「待ち時間」があると、いや応なしに会話のタイミングが変わってしまいます。これでは、安心感のある正常な会話のリズムが得られないことになります。

このように、人間は、リアルな世界を中心にして社会性のある態度や行動を保っています。オンラインでのつながりと現実世界でのつながりとの関係は、インターネットポルノと実際の恋愛のようなものです。人工的な経験はリアルな経験と比べて劣っているだけでなく、人とのつながりを理解しにくくします。現在、人のつながりは、リアルな社会における共感や団結ではなく、判断の結果や計測された数値、すなわちデジタル経済における「いいね」や「フォロー」になっています（原注11）。

チームプレーのために人間が苦労して進化させた社会的な仕組みは、デジタル環境ではうまく働きません。しかし、技術によって可能になったネット上での会話のやりとりは、進化の歴史上、非常に新しいものであり、何が起こっているのか私たちには理解する手段がありません。そのコミュニケーションが偽物だということは分かっていますが、有機的な信号が欠けた不正確かつ非生命的で遅れを伴ったメディアでの意思伝達について、人類全体が種として経験したことはこれまでにありません。

私たちはメディアを非難する代わりに、もう一方の人間を非難します。この状況を正しい社会ではないと判断する私たちは、デジタル環境ではなく人間そのものに対して不信感を抱いています。チームヒューマンが壊れつつあります。

36 アルゴリズムに捉えられる人間

チームヒューマンはデジタル環境で力を失っていく一方、アルゴリズムのチームはデジタル環境では勢力を伸ばしています。

人間の感情に最も適したコミュニケーション方法が役に立たないので、相互に連絡を取ること、協力して作業すること、共感を示したり経験したりすることが難しくなっています。社会性を発揮したときに快感をもたらすミラーニューロンやオキシトシン・ホルモンなど、信頼関係を強めて感情を制御してくれる循環が働きません。

驚くべきことに、人々はデジタル環境で信頼関係を構築できないからといって、デジタル環境の利用をやめるのではなく、むしろデジタルメディアの消費には拍車がかかっています（原注12）。私たちはデジタルメディア中毒になっているにもかかわらず、デジタル環境で経験する神経の仕組みを解明しようとしているのです。そんなことができないはずの環境において、それを解き明かして、感覚器官を調整し、人間的なふれあいを築き直そうとしています。しかし実際には、人間は分断され孤立して、互いに疑うようになっています。

デジタルメディアを通じての関わりは、新しい形の孤独にすぎません。ただし、本当の孤独ではなく、その場所にはアルゴリズムやボットが用意されていて、買い物やエンターテインメントなど、そのプログラムを作った企業が儲かる行動に私たちを引きずり込もうとしています。テレビゲームのＮＰＣ（ノンプレーヤーキャラクター）と同じで、アルゴリズムやボットのほうが人間よりも多くなっています。インターネットでは、他人と接触する機会と同程度またはそれ以上に、自動で配信される投稿であるボットと関わる機会が多いのです。そして、ボットとの関わりによってリアルな人間との出会いと同じくらいの満足感を味わっています。

人間とは違って、皮肉なことにオンラインの人工知能同士は、相互のつながりを強化しています。企業は、いつも即座に他の企業とデータを売ったり買ったりしています。あるウェブサイトで見た商品が、魔法のように次のウェブサイトの広告に出現するのはそのせいです（原注13）。これは、舞台裏で起こっていることの初歩的で分かりやすい例です。人工知能は相互に常に通信し合っていて、人間とのやりとりを通じて覚えたことを共有します。人工知能はネットワーク化されて学習しています。

モノのインターネット（訳注　これまでネットにつながっていなかったものがネットにつなげられること、ＩｏＴと呼ばれています）とは、人間を操作しようとしているコンピューターチップとアルゴリズムの巨大なネットワークの別名です。ネットワークに接続されたエアコンや赤ちゃん見守りのアプリは、消費者にある程度の便利さをもたらしますが、実際には、その重要な役割は、ネットワークが人間の行動を学習すること、あるいは人間からデータを集めて今まで以上に細かい統計カテゴリーに分類することです。

このボットやコンピューターチップに指令を出しているアルゴリズムは、目指す結果が得られるまで、根気よく次々と手法を変えて人間の行動を操作することを試みます。それらの手法は、必ずしもプログラマーがあらかじめ書いておいたものではありません。アルゴリズムは、いわばその色あい、音の高さ、調子、言葉遣いをランダムに入れ替えて、うまくいくものが見つかるまで新しい組み合わせを次々と試します。うまくいけば、その情報をネットワーク上の他のボットと共有して、他の人間に試してみます。つまり一人一人の人間は、人間を操ろうと画策する一つのアルゴリズムと対抗しているのではなく、たくさんのアルゴリズム全体に立ち向かっていることになります。

植物が光と水からエネルギーを作り、動物が視覚によって空間を捉え、人間が記憶と言葉によって時間を捉えるとすれば、ネットワーク化されたアルゴリズムは何を捉えるのでしょうか。それは、人間です。モノのインターネットの環境においては、私たち人間がモノなのです。

人間の理想である自主性、社会的なつながり、新しく学ぶことは、再び押しのけられてしまいました。アルゴリズムによるプログラムは、あらゆる人や物を定められた目標に向けて導いています。デジタル環境における人間は、デジタル素材で構成された機械のような存在になりつつあります。その一方で、アルゴリズムは生命を持った存在のようになって、進化のプロセスにおいて人間の後継者であるかのように振る舞っています。

人間がアルゴリズムのまねをしていても不思議ではありません。

【5章原注】

1 1990年代以来のネットタイム（Nettime）メーリングリストhttps://www.nettime.org/archives.php、または、ユーズネット（Usenet）グループalt.cultureなどを参照。

2 Benoit Denizet-Lewis, "Why Are More American Teenagers Than Ever Suffering from Severe Anxiety?" New York Times Magazine, October 15, 2017.

3 この分野における現在の第一人者は、スタンフォード大学でキャプトロジーを研究するB・J・フォッグである。

4 "BDI Behaviour Change," Behavioural Dynamics Institute, 2014, https://www.youtube.com/watch?v=l3k_-k1Mb3c.

5 Douglas Rushkoff, Coercion (New York: Riverhead, 2000).

6 Natasha Dow Schull, Addiction by Design: Machine Gambling in Las Vegas (Princeton: Princeton University Press, 2014).
Nir Eyal, Hooked: How to Build Habit-Forming Products (New York: Portfolio, 2014).

7 Brian Burke, Gamify: How Gamification Motivates People to Do Extraordinary Things (Abingdon, UK: Routledge, 2014).
Kevin Werbach, For the Win: How Game Thinking Can Revolutionize Your Business (Philadelphia: Wharton Digital Press, 2012).
Jane McGonigal, Reality Is Broken: Why Games Make Us Better and How They Can Change the World (London: Penguin, 2011).

8 Debra Kaufman, "Studies Show Smartphones, Social Media Cause Brain Drain," etcentric, October 10, 2017.

9 William Softky, “Sensory Metrics of Neuromechanical Trust,” Journal of Neural Computation 29, no. 9 (September 2017).

10 Luke Dittrich, Patient H.M.: A Story of Memory, Madness, and Family Secrets (New York: Random House, 2017).

11 Benoit Denizet-Lewis, “Why Are More American Teenagers Than Ever Suffering from Severe Anxiety?” New York Times Magazine, October 11, 2017.

12 William Softky, “Sensory Metrics of Neuromechanical Trust,” Journal of Neural Computation 29, no. 9 (September 2017).

13 Do Not Track, documentary film, directed by Brett Gaylor (2015), https://donottrack-doc.comで閲覧可能。

6章　人を機械として見る

――人が人のために決めること

37 人間の特性を機械に当てはめる

自動的に判断する技術が全てを支配するようになったとき、人間にそれを打ち負かすことができないのであれば、その技術に協力するほうが良さそうだ、と考えるのが妥当な結論でしょう。人間が新しい技術に(興奮して、またはその奴隷となって)心を奪われてしまうと、その技術が人間の行動のお手本になります。

産業革命の時代には、機械仕掛けの時計が人間に時間を指示するようになりました。工場の機械が人間の労働者よりもよく働きました。このときから私たちは、人間を機械的な見方で考えるようになり、人間は機械仕掛けの宇宙に生きていると考えるようになりました(原注1)。そこでは、人間の身体は一つの機械です。そして、人間の言葉に機械のような比喩が少しずつ浸透してきました。「組織の潤滑油の役割を果たす」「ビジネスにエンジンをかける」「問題を深く掘り下げる」「歯車がかみ合わない」というような表現を使います。日常会話でも、昼食をとることを「燃料補給」と言ったり、論理的でない考え方を「頭のねじが緩んでいる」と言ったりします。これは、人間は機械装置だという考えを多少なりとも受け入れているということです。

社会として、人間は機械の効率、生産性、能力を受け入れました。より速く操作すること、より強い力を出すこと、より質の揃った製品を造ることを目指しました(原注2)。

デジタルの時代になって、私たちはこの世界が計算によって処理できると考えています。あらゆるものがデータであり、人間がその処理をしています。「その話は計算に合わない」「あの人はマルチタスクなのでネットワークの複数の人と同時にインターフェースできる」「新しい仕事の仕方でレベルアップする」といった具合です。

このような言葉は、デジタルメディア環境の中で、人間が今までと違う方法で動くようになったことを示唆しています。人間の特性を機械に当てはめること、たとえば自動車のフロントグリルを顔に見立てたり、スマートフォンのＡＩに向かって人間と同じように話しかけたりすることをアンスロポモーフィズム（擬人化）と言います。しかし、実際には、逆に私たちは機械の特性を人間に投影しています。人間が機械やコンピューターであるという考え方をメカノモーフィズム（訳注　擬機械化）と言います。機械を生命のある人間として扱うだけではなくて、人間を機械として扱っているのです（原注３）。

38 デジタル機器をまねする人間

情報時代の人間の役割がプロセッサーであることを受け入れた上で、私たちは優れたコンピューターとして機能しようとがんばっています。

人間はコンピューターのように同時に複数の仕事を処理できるという仮定の下に、私たちはマルチタスク状態で何かをしています。しかし、さまざまな研究によれば、人間にはマルチタスクは不可能であることが明らかになっています（原注４）。人間が同時に複数の作業をしようとすると、能率、精度、詳細度、理解度が必ず低下します。自分では十分に達成できたと思っていても、きっと低下しています。その理由は、コンピューターと違って、人間には並列で処理することができるプロセッサーがないからです。人間には、二つの半球で構成されている全体として一つの脳があるだけです。

コンピューターには複数の区画に分かれたメモリーがあり、それぞれが並行して別々に動作しています。コンピューターに問題を与えると、その問題を細分化して各プロセッサーに渡します。各プロセッサーが個別の答えを作り出し、それを再構成して全体の答えが得られます。人間はそのような処理ができません。人間は高速に作業を切り替えることによって、コンピューターの処理をまねしています。たとえば、自動車を運転しながらメールを送るというような行動ですが、実際には両方を同時に実行することはできません。できているように見えるだけで、しかも多くの場合、身の危険が生じます。

一例を挙げると、何千マイルも離れた場所から遠隔操縦で人間を殺すための無人航空機のパイロットは、敵地で爆弾を落とすような普通のパイロットよりも心的外傷後ストレス障害（PTSD）になる割合が高くなっています。軍としては、むしろ遠隔爆撃を行うパイロットが殺すことに鈍感になって戦闘能力が落ちてしまうのを恐れていましたが、このような状況は予想していませんでした。障害発症率が高い理由の一つとして、通常のパイロットと違って無人機のパイロットは、攻撃の数週間前に攻撃対象の人々を遠隔から観察していることが多いと言われていますが、パイロットが攻撃対象者と事前に接触していない場合でも、発症率はかなり高くなっています。

より可能性の高い理由としては、兵士が同時に複数の場所に存在しようとしている、ということがあります。彼らは、たとえ

軍用無人航空機 MQ-9 リーパー

「刈り取るもの」や「死神」などの意。長い航続距離と高い監視能力および攻撃能力を持つハンターキラー無人機。

ばネバダ州の軍施設にいて、地球の裏側に配備された殺傷兵器を操作します。爆弾を投下して多数の人々を殺した後、着陸して飛行機から降りて、部隊の食堂に戻って、ビールを飲みながら仲間のパイロットと情報交換するのではありません。単にコンピューターからログアウトするだけで、車を運転して郊外の自宅に帰って家族と夕食をとります。2人の異なる人間が同じ日に異なる場所にいるようなものです。

私たちは、同時に2人の人間であることもなく、同時に異なる場所にいることもないのですが、それだけではありません。コンピュータープログラムは、コピーして複数の異なる機械で同時にコマンドを実行することができますが、人間は、同時に実行できる「インスタンス」すなわち主体が一つしかありません。

人間は現代の機械と同じようになろうとしていますが、デジタル機器そのものと同程度に優れたデジタル機器になることはできません。考えてみればこれは良いことです。これによって、私たちが機械をまねしようとするとき、人間性という重要なものを置き去りにしていると気付くからです。

39 意図が埋め込まれた環境──アフォーダンス

メディア環境とは、そのメディアによって生み出された行動、状況、比喩的な環境、価値観でもあります。文字の発明は、歴史の記録、取引の契約、聖書、一神教を発展させました。中世ヨーロッパの街の中心にあった時計塔は、産業革命の時代における時間給の概念や「時は金なり」という勤勉や倹約の精神が作られることに役立ちました。ある時代に普及している技術は、人間の態度や行動に関するお手本にもなっています。

ある特定のメディア環境は、それに見合った社会を発展させます。印刷機の発明によって、文書を作成する人が増え、また、文書が広い範囲に行き渡るようになりましたが、それと同時に、ある意味ではみな同じようなものになってしまい、人々の文章や思考に対する関係が変化しました。テレビは、日常生活における新製品の役割を具体的に見えるようにすることによって、アメリカを消費社会に変えようとする企業を助けました。同様に、私たちの大部分が使っているインターネットの仕組みは、単なる工業製品ではなく、多数の人々、企業、ボットが住んでいる環境そのものです。今日のデジタルメディア技術に埋め込まれた、人々に何かを促そうとする意図、すなわち「アフォーダンス」(訳注　環境が内包する意味)を理解することによって、私たちは、無意識のうちに技術に同調するのではなく、技術の利点を活用し、欠点を補うことができます。

たとえば、スマートフォンは、単にポケットの中にある機器というだけではありません。他の全てのスマートフォンと一体となって、一つの環境を作り出しています。それは、いつでも誰もが他人と連絡を取れる世界、その一方で個人用の殻に包まれたような状態で道路を歩くことができる世界、行動がＧＰＳによって追跡されて分析のために企業や政府のデータベースに保存される世界です。このような環境の要素は、ある特定の精神状態を生み出します。たとえば、追跡されることに対する被害妄想、常に気が散っている状態、チャンスを逃すことへの絶え間ない恐れなどです。

デジタルメディア環境は、経済、社会、さらには地球環境、世界全体に影響を及ぼします。デジタル企業の規模が驚くべき速度で大きくなることにより、株価に対する投資家の期待が変化し、企業の長期的な健全性よりも短期的なシェアの拡大を経営者が重視するようになっています。インターネットは奥深さや質よりも数字や量に重点を置くので、有名人、センセーショナリズム、数値的な成功を重視する社会を生み出しています。デジタルメディア環境は、リアルな自然環境に対しても影響しています（原注5）。デジタル技術の製造、利用、廃棄は、貴重な資源を枯渇させ、大量のエネルギーを消費し、地球を広い範囲にわたって汚染します。

私たちが生きるこの世界ではメディアが全てを決めている、という考えに降参してしまう前に、社会とメディアは互いに影響を与えていることを思い出さなければなりません。さまざまなメディアは、いずれもその時代の社会が生み出したものです。文字の発明によって、多くの奴隷を管理しやすくなりました。もともと文字は、以前から多数の奴隷を管理していた当時の専制君主のニーズから生まれたものです。そのように私たち人間は、メディアを発明することもでき、また、メディアからの影響を受ける立場でもあり、いずれにしてもメディアと深い関係にあります。

メディア環境が人間に与える影響を詳しく理解できたとしても、人間がメディアの共犯者であることに変わりありません。それでも、メディアと人間の関係を知ることは私たちが向き合っているものが何であるか、どのようにものごとが偏っているのか、を理解するのには役立ちます。理解することによって、メディアが及ぼす影響、およびそこから生み出される人間自身の負の側面に、私たちは立ち向かうことができます。

40 テレビが作り出したもの

あらゆるメディア環境には良い面も悪い面もあります。テレビによって、私たちは地球が一つの大きな生命体だと思うようになりましたが、その一方で大量消費主義やネオリベラリズムも促進されました。インターネットは、地方分権やソートリーダーシップ（訳注　思慮深いリーダーシップ）に役立っていますが、それと同時に人間を孤立させ分け隔てています。このような状況が必ずしも良いものであるとは限らないのですが、それぞれの面に異なる対応が必要になります。

新しいメディアへの対応にあたって最も難しい部分は、前の時代のレンズを通さずに、そのもの自体の影響を見ることとです。インターネットが出現したとき、私たちの大部分はテレビというメディアの影響を受けて生活していました。テレビの時代の影響とは、グローバリズム、国際的な協力、オープンな社会といったものでした。テレビを通じて、人々は初めて世界の他の場所で起こっていることを見るようになったからです。多くの場合それは生中継で、発生と同時に見ることができました。世界中の人々が一緒にリアルタイムで、同じ戦争、同じ災害、同じ革命を目撃しました。9・11も世界的に同時に経験された出来事であり、ほぼ世界中からの反響を呼びました（原注6）。テレビは、地球という一つのまとまりを作ることに役立ちました。

この流れの続きであるかのように出現したインターネットは、本質的に人工的なものである近代的な国家の間にある国境を打ち破って、新しくて人間性のあるグローバルな仲間同士のコミュニティーを促すものと期待されました。国家の政府が消滅して（原注7）、新しい人間のネットワークが間もなく実現しそうでした。ところが、インターネットは、実際にはその逆のものを生み出しました。全てを包み込んだ新しいグローバルな社会に向かうのではなく、自国中心主義に後退してしまいました（原注8）。民族が混ざり合うのではなく、過去の虚構――わが民族は他と違っていて、全てうまくいっている――と人々が考えていた時代に戻りたいという声を聞くようになりました。

テレビメディアの全盛期には、アメリカの大統領が（原注9）1987年にベルリンのブランデンブルク門の前で、ロシアに対して「この壁をなくせ」と訴えました。今ではあり得ないことです。ところがデジタルメディア環境における政治家は、グローバルな貿易圏から撤退して、自国の国境を管理するために壁を造ることを主張しました（原注10）。

現状はテレビで見られる環境とかなり異なっています。国際政治を理解するためのキーワードとなっている、文化のるつぼとしての「大きな青い地球」、みんなが手をつなぐ世界、国際宇宙ステーション、国際協調主義などの概念は、テレビメディアが生み出したものです。国家主義の復活や、時代に逆行する反グローバル感情に困惑している人々は、今では時代遅れになったテレビ画面を通じて政治を誤って理解しているのです。

デジタルメディア環境における初期の抗議活動、たとえば１９９９年、シアトルでのＷＴＯ（世界貿易機関）会議に反対するデモは、テレビニュースにとっては意味のないものでした。デモ参加者は、環境保護主義者、労働運動家、反シオニストなど、全く異なった目的を持つ人々の寄せ集めのように思われました。しかし、彼らが結集した意味は、インターネット上で集団が組織化されたことよりも、反グローバリズムという共通の認識を持っていたことのほうが大きかったのです。このとき抗議に参加した人々は、グローバルレベルで活動する団体というものは、人間が扱うには大きすぎると考えるようになりました。

ヨーロッパの団結が崩壊したことも、この感情の拡大に寄与しました。ＥＵはテレビ環境の産物でした。開放的な貿易、一つの通貨、国境を超えた人々の自由な移動、料理やサッカーチームについての行き過ぎた自国中心主義を抑えることなどがその目標だったのですが、デジタルメディア環境への移行によって、人々は国境がなくなってしまうことにかえって抵抗を感じるようになりました。私はクロアチア人なのかセルビア人なのか。クルド人なのかスンニ人なのか。ギリシャ人なのかヨーロッパ人なのか……。

国境を必要とする声は、自分と他者の違いを強調するデジタルメディア環境から生まれたものなのです。全てのものは異なっています。ラジオやテレビなどのアナログメディアは、レコードの音のように連続的です。それに対してデジタルメディアは、多数の異なるサンプルを集めたものです。同様にデジタルネットワークは、メッセージを小さなパケットに分解して送信し、受信側でそれを集めて再構成します。コンピュータープログラムは、究極的には全て1と0、オンとオフの連続です。私たちが利用するプラットフォームやアプリにも同じことが言えます。フォントサイズから、描画ソフトの「グリッドにスナップ」機能に至るまで、あらゆるものが二者択一になっています。12ポイントにするか13ポイントにするか、画像をここに置くかあそこに置くか。電子メールを送ったか送っていないか。その中間というものはありません。

このような環境が支配している社会は、同様に二者択一によって分け隔てられた構造になりがちです。好きか嫌いか。白か黒か。金持ちか貧乏か。賛成か反対か。自分の選択の結果によってさらに次の選択を迫られるという繰り返しの中で、私たちの好みを判断するプログラムが働いて、私たちの選択に合わせたものが次に表示されます。このようにして、私たち一人一人を個人の選択というフィルターのかかった殻に閉じ込めてさらに孤立させます。インターネットは、その主要な要素であるバイナリー（二進法、二者択一）を強化します。つまり、私たちにどちらか一方の味方になることを強いるのです。

41 デジタルメディアとナショナリズム

デジタルメディアは人間を分け隔ててしまいますが、同時に時代を逆戻りさせているようにも思われます。この状況は、現在のポピュリズム、ナショナリズム、移民への悪感情など、時代に逆行する感情を助長する一因になっています。デジタルメディアのもう一つの傾向である、メモリー（記憶）が生み出す環境において、このような感情が大きくなっています。

メモリーは、コンピューターが最初に発明されたときの目的でした。１９４５年にバニーバー・ブッシュがコンピューターの元となる「メメックス（Memex）」を考案したとき（原注11）、これをデジタルの書類の整理棚と表現しました。すなわち外部メモリーです。現在のコンピューターにはデータ保存以外にも多くの機能がありますが、実際にコンピューターが行っているのは、メモリーから何かを取り出して他のメモリーに移動するだけのことです。コンピューターチップ、ＵＳＢメモリー、クラウドサーバーは、全てある種のメモリーにすぎません。ところで、サイバーセキュリティーや監視技術に関連して知られてきたことですが、私たちのオンラインでの行動は全てメモリーに保存されています。ソーシャルネットワークや検索エンジンでの言動は、アーカイブやタイムライン、あるいはどこかのサーバーに残っていて、いつの日か誰かによって取り出されるのを待っています。

デジタルメディア環境で野放しになっているメモリーの拡大と、二者択一によって分けられるというデジタルの傾向とが一緒になって、今、私たちの目の前にある政治的状況が生まれています。イギリスのＥＵ離脱論者は、独自のイギリス的な価値観を確かなものとするために孤立を正当化し、他のヨーロッパ諸国とはドーバー海峡を隔てているのだというナショナリズムの時代に戻ろうとしています。アメリカの新しい右翼は、アメリカ国籍の白人が白人専用地域に住み、優越感を持ち、中産階級としての地位を保証されていた時代という、すでに否定されたはずの過去を呼び戻そうとしています。移民とは、ドイツ人、アイルランド人、イタリア人などのヨーロッパから来る白人の仲間のことであって、国境を超えて不法に侵入してくる非白人、外国人、難民、テロリストは移民ではないと言うのです。

グローバリズムによって破壊的な影響を受けた多くの人々が、今、過去に向かって時代を押し戻そうとしています。世界規模の商取引や国境を超えた金融のために、地域および国内の経済活動は損なわれて、貧富の差が過去にないほど拡大してしまったからです。この圧力に対する欧米諸国の人々の反応には、白か黒か、というデジタル的な感覚がありそうです。

しかし、デジタルメディア環境は、欧米の先進国だけのものではありません。世界中で、デジタル的な感覚によって感情的に他民族を排斥しようとする行動が見られます。ミャンマーにおける少数民族ロヒンギャに対する熱に浮かされたような大量虐殺は、現地でのソーシャルメディアの普及と直接の関係があります。同じような緊張が、インド、マレーシア、スーダンで起こっています(原注12)。これらは、全てデジタルメディアによって激しくなったと考えられます。デジタルメディアが、感情を刺激し、未確認情報を拡散し、さらには、「より良くより純粋だった過去」という偽の記憶と現在への不満を引き出したのです。

テレビが生み出した「一つの世界」という見方、あるいは、印刷によって養われた思慮深い知性を保ちたいと考えるならば、過去を振り返ることをやめなければなりません。つながりと寛容さを前進させようとするのであれば、今の私たちが実際に生活しているデジタルメディア環境の偏りを認識して、それに振り回されてしまわない方法をとらなければなりません。さまざまなプロセスの自動化に対抗して、人間が介入する必要があるのです。

こうした状況に対して抵抗は無駄です。この抵抗という言葉そのものが過去の電子時代の遺物です。プリント基板上の抵抗という部品は、流れる電流を減衰させるものです。デジタル環境には抵抗は存在しません。オンかオフしかありません。中間にあるものは、全てどちらかの端へ追いやられます。デジタルを減衰させることはできません。デジタルにはボリュームつまみはありません。アナログ的なつまみというものがないのです。あるのはスイッチだけです。

デジタルメディア環境に抵抗はありません。あるのは反抗だけです。

42 リンゴ・スターの「遅れ」

しかし、人間自身が極めてデジタル的になっているので、デジタル技術による支配に人間が反抗することは難しいでしょう。機械に対する信頼または単なる習慣によって、人間は機械を受け入れたりまねしたりして、世界を作り変え、ついには人間自身を機械そっくりなものにしてしまいました。

たとえば、自動運転車のメーカーは、道路や信号を自動運転車のセンサーシステムに適したものに変えたいと思っています。自動運転車のニーズに合うように環境を変えて、車道や歩道を、もしかしたら上空までも、人間とロボットに共有させようとしています。それ自体は悪いことではありませんが、歴史に学ぶとすれば、新しい技術（たとえば自動車）に合ったように現実の世界を作り変えるということは、そこで生活する人々よりも、その技術を販売する企業にとって好都合な結果になります。過去には、自動車道路によって地域が分断されただけでなく、それは人種や階級による分断も生み出しました（原注13）。かつて、横断歩道や交通信号に適応できなかった人は、「ジェイウォーカー（違法横断者）」と決めつけられて、交通安全ポスターの中で笑われました。

今、私たちは物理的環境、社会的環境、そしてメディア環境の全てをデジタルに適したものに作り変えつつあります。それは、多くの場合、現実の人間を無視したものです。携帯電話や無線ＬＡＮの電磁波による健康への影響についての研究（原注14）は発表と同時に忘れ去られてしまい、もはや学校や地方自治体は、無線ネットワーク、スマート黒板、デジタルノートその他のコンピューター機器に対して後戻りできないくらい多額の投資をしています。

デジタル的な価値観を称賛するかのように、一部の学校では、校長が教員に対して一日を通じてソーシャルメディアに投稿することを奨励しています（原注15）。教育はソーシャルメディアの材料になり、また、ネットでの広報活動の場になっています。授業では、写真を撮影して投稿すれば評価されます。ソーシャルメディアの設計意図のとおりに、教員は中毒的に投稿をして、それが生徒のお手本になっています。

文化における美しさの基準でさえも、究極的には、その時代を支配する技術に合わせた形で変化します。デジタル技術によって、音楽はＭＰ３のアルゴリズムに縮小されました。音楽の本質ではなく、音の概念だけが伝達されます。また、デジタル環境によって、演奏者は自動的に音を出す商品に成り下がってしまいました。レコーディングスタジオやコントロールルーム（調整室）というものが登場して以来、市場は音楽に対してそのようなコントロール（支配）を行ってきました。今では、新しい技術によって、その力関係がさらに増強されています。演奏する部屋のガラスの向こう側にいるプロデューサーは、音楽をコントロールするミキシングボード（調整卓）と演奏者たちを操作します。演奏者は、デジタルで振り分けられた楽器ごとの録音トラックに降格されてしまいました。それぞれの演奏者は、レコーディング用語で言えば「分離」されて、仲間意識やライブ演奏における信頼を失い、その代わりにコンピューターが生成したメトロノームの拍子に合わせて演奏しています。ごくわずかでも演奏がリズムから外れると、自動修正機能によってデジタルなリズムに調整されます。

そのほうが「良く」聞こえます。少なくとも音程やリズムが正確になります。しかし、本当に完璧な音やテンポとは何でしょうか。決められた周波数に数学的に近いことでしょうか。まともなバイオリニストであれば、誰でも次のように説明するでしょう。音の高さとしてはＥフラットとＤシャープは同じであっても、その曲の調性（キー）によって、また前後の音によって、実際には微妙に異なっています。音楽家によって、また状況に応じて、音の解釈が異なることもあります。効果を強調するために意図的に音程をわずかに高くスライドさせたり、消えるように音程を低くしていくこともあります。

ミュージシャンはいろいろな効果を生み出すために、また、場合によっては音楽や人生に対する表現として、曲のリズムをわずかに変化させます。ビートルズのドラマー、リンゴ・スターは、「けだるさ」あるいは「階段から落ちる」感覚を表現するかのように、本来のビートからごくわずかに遅らせていたことで有名です（原注16）。リンゴ・スターの遅れは人間的なものであり、曲の正常なビートに近いけれどもずれているので、もしビートルズをデジタルで作り直すとすると、人間的な音をコンピューターのように正しい音にしようとする技術によって、直ちに修正されてしまうでしょう（原注17）。

メカノモーフィズム（訳注　人間を機械として見ること）的な文化は、人間独自のものを全て矯正するデジタル的な美学を受け入れています。声や抑揚の癖、たとえば、しわがれ声、震え声、息混じりの声、揺れる声は、不完全なものとして修正されます。実際に音楽を演奏している生身の人間に対してではなく、楽譜に対して忠実であることが、理想的な目標になっています。私たちは、楽譜が、音楽そのものではなく、音楽を書き写したものであることを忘れています。それは、人間の感動や芸術性を誰か別の人があらためて再現できるようにするために、記号を使った約束事によって書きとめておくための妥協的な手段なのです。

人間の演奏が人々を結びつけるのではなく、正しいデータをゆがめてしまっているという考え方は、図形（人間の演奏）と背景（楽譜）が逆転しています。人間や楽器から発生する音が自主性の表現ではなく、操作する対象になり、デジタル処理のための元データ、あるいはそこから抽出して作り変えるべきものとして扱われています。

人間によるデータの解釈は重要ではなくなり、人間が表現したものは消去されます。私たちは機械と同じようなものになってしまいました。

43 トランスヒューマニズム——人間をアップデートする

デジタル環境での究極的な目標は、人間性を完全に超えることです。これは分かりやすい論理です。人間性が単に機械的なものであって、その全てをデータ処理という形で表現できるとすれば、その処理を行うのが人間でもコンピューターでも違いはありません。

トランスヒューマニズム（超人間主義）では、生物的存在を超越する、少なくとも向上させることを目指しています。一部の人々はこの技術を使って永遠に生きようとしています。より良く生きたいと思う人もいますし、また、他の人は身体から抜け出して意識を存続させるのにふさわしい場所を見つけようとしています。トランスヒューマニズムではメカノモーフィズムをさらに進めて、人間が機械のようにアップグレードできると考えています。トランスヒューマニストは、究極的にはシリコンチップ上の生命に移行しなければならないと思っています。そして、生物と人工技術との境界をあいまいにすることによって、生命からデータへ簡単に移行できるようにしようとしています（原注18）。

トランスヒューマニストたちが主張するように、義歯、補聴器、人工心臓などの人工的な機能拡張によって人間とは何かという意味が変わりつつあり、すでにトランスヒューマニズムへの移行は始まっています。たとえばコンタクトレンズは、非人間的でしょうか。もちろん、そんなことはありません。では、脳インプラントによって新しい言語を話せるようになることを、どうして否定できるのでしょうか。あるいは、人間の意識のクローンを作ってサーバーにアップロードすることを、どうして拒むのでしょうか。

限りのある人間性と引き換えに永遠性を手に入れる、という考え方には説得力があります。少しずつ、あるいは全部一度に、人間は、トランスヒューマニストが言う「進化の次の段階」に達します。すなわち、人間と機械の融合、あるいは、もしかすると完全にデジタルになった人種です。そこに至るプロセスで、人間性を機械として認識することが広まっていきます。

皮肉なことに、トランスヒューマニズムは将来を受け入れるというよりも、現在の人間の体験を維持することに重点を置いています。義歯や補聴器などの医療や生活における機能の拡張は、現在生きている人をその状態で生き延びさせようとしているだけです。人体冷凍保存（クライオニクス）は、人体を現在の状態のまま冷凍して、将来蘇生させようとしています。頭脳のアップロードは、人間の脳またはその現状の完全なクローンを、より永続性のある構造体へ移動させることです。

ある意味では、トランスヒューマニズムは、人間を完全に変えることではなく、自然に本来備わっている変化を避けようとする反応であり、人間が永遠に続く存在ではないことへの反抗です。生まれてから死に至るまでの経験は、ものごとを学習したり忘却することではなく、克服するべき不自由だと考えられています（原注19）。

その不自由を耐える必要はありません。

44 数量化された人間

トランスヒューマニストが言う人間を改造することとは、人間とは何であるかを、機能の観点から考えることです。人間の全ての能力は改善することができ、人間の全ての部分は交換可能、アップグレード可能だということです。

私たちが偶然の運命によって人間であること、そして人間であろうとすることは、私たちの生産力や進歩を阻む欠点だと解釈されています。ヒューマニスト（人道主義者）はこの欠点を受け入れます。しかし、トランスヒューマニストによれば、それはある種のノスタルジーであって、野蛮だった人間の過去を本来の状態だと見ようとする、危険で空想的な考え方だというのです。つまり、自然や生物学は受け入れるべき神秘ではなくて、人間を限られた存在にしているというのです。

実際には、このトランスヒューマニストの考え方が定着しつつあります。デジタル技術が身近なものにどんどん取り入れられていることからも、それが分かります。画面が私たちの目の中に侵入してきています。テレビに始まって、コンピューターのモニター、携帯電話、スマートウォッチ、VR用のゴーグルに至るまで、さらには、網膜に画像を投影するLED、視神経に直接働きかける神経インプラントもあります。

人間と機械の親密度が増すごとに、データの解像度が高くなり、何らかの計測値として利用されます。リストバンドが、健康増進や寿命延長と見せかけて、心拍数や歩数を計測しているのと同じ考え方です。健康、幸福、さらには人間性も、全てデータに単純化されて最適化の対象となります。

私たちは、みんな数字です。数量化された自己(quantified self)です。

録音された音楽が、圧縮されたデータになってファイルに保存されるのと同じように、数量化された人間は、ビットに圧縮されて、無限にコピーされたり、クラウドにアップロードされたり、ロボットにインストールされるものとなります。計測の対象ではないもの、あるいは私たちが知らないものは、この新しいモデルでは不要です。

データに置き換えられることで得られる、寿命の延長、(人間は人間を超えることができるという)「超認識」、軍事的スキルの向上、いずれも将来への期待が持てそうに思えますが、何がそこから捨て去られたか、どのような意味を持っているか(そして、持っていないか)、人間を含む大きな存在にデータ化がどのような影響を及ぼしたか、を考えると喜んではいられません。そこには得るものと失うものがあります。生命を守るはずの抗生物質がバクテリアを増強して集団免疫システムを弱めたり、ステロイドが長期的な健康を犠牲にして短期的な効果を発揮したりするようなものです。人間は、あるいはこのようなデータ化を進めようとする企業は、人間性のどの部分を強化するか、どの部分を抑制または無視するかを選んでいます。個人の知能を強化する代わりに、他人とつながりを作る能力や生命体として共鳴する能力を、気付かないうちに失っているかもしれません。人種の多様性、ジェンダーの流動性、性的指向、体形についてはどうでしょうか。人間の特質の中でも市場的に価値がないとみなされたものは、きっと捨て去られるでしょう。

人間自身と同じように、文明についてもそのような事態が起こるのでしょうか。過去の実績を見ると、どうやらそのようです。

インターネットの大きな社会的および知的可能性は、短期的な経済での優先度に敗北しました。人間中心のメディアは、人間を操作、監視、搾り取るものに変わりました。技術の一部として人間を見るようになると、人々に一律に経済市場における考え方を当てはめたり、他人を犠牲にして自分の利用価値を高めようとします。寿命の延長は、人間が消費者として行動する時間を増加させて、その延長された数年間にさまざまなものを買わせるために市場が仕掛けた窮余の策です。

たとえば人間の脳にチップを埋め込んだりするデジタルインプラントが宣伝のとおりに本当にうまく機能するのであれば、きっと多くの人がそれを受け入れるでしょう。副作用がなくて苦痛がなければ、みんなが能力を拡張したいと思います。自分が死ぬかどうか、あるいは、いつ死ぬかを選択できるとすれば、どうでしょうか。常に変化し続ける経済状態の中で人間が生きていくためには、たとえば電車、眼鏡、エレベーター、コンピューターなど、さまざまな技術をある程度受け入れなければなりません。

しかし、技術の受け入れには条件が付いています。その取引は、過去から現在に至るまで、いつも人間にとって有利なものではありません。企業は、いつのまにか利用許諾契約の内容を変更します。あるいは、プリンターを原価以下の赤字で販売しておいて、インクカートリッジを高値で売り付けたりします(原注20)。今の私たちが生活に取り込もうとしている技術は、人間を「常時オン」の顧客に変えてしまいます。私たちは購入者ではなく契約を受け入れる者になります。購入したものを本当に所有するのではなく、また、完全に支配できなくなっています。オペレーティングシステムの更新によって、ハードウェアはすぐ時代遅れになり、新しい機器を買わざるを得なくなります。私の脳に埋め込まれるコンピューターチップ、およびその周囲にある神経細胞が時代遅れになるのは、いつでしょうか。

技術を使って人間を改良しようとすることは間違っています。何をするかを機械に決めさせたり、機械を動かしている経済に決めさせたりしてはいけません。人間自身が積極的に選択することによって、人間のために何をするのかを決めるべきです。

【6章原注】

1 John of Sacrobosco, De Sphaera Mundi (On the Sphere of the World), c. 1230. http://www.esotericarchives.com/solomon/sphere.htmで閲覧可能。
Dennis Des Chene, Spirits and Clocks: Machine and Organism in Descartes (Ithaca, NY: Cornell University Press, 2000).

2 George Lakoff, Metaphors We Live By (Chicago: University of Chicago Press, 1980).
Lewis Mumford, Myth of the Machine (Boston: Mariner, 1971).
Neil Postman, Technopoly: The Surrender of Culture to Technology (New York: Vintage, 1993).
Jean Baudrillard, Simulacra and Simulation (Ann Arbor: University of Michigan Press, 1994).

3 John Seely Brown and Paul Duguid, The Social Life of Information (Cambridge, MA: Harvard Business Review Press, 2000).

4 Clifford Nass, “Cognitive Control in Media Multitaskers,” Proceedings of the National Academy of Sciences 106, no. 27 (September 15, 2009).

5 Richard Maxwell and Toby Miller, Greening the Media (Oxford: Oxford University Press, 2012).

6 Jean-Marie Colombani, “Nous Sommes Tous Américains,” Le Monde, September 12, 2001

7 John Perry Barlow, “Declaration of Independence of Cyberspace,” Wired, February 8, 1996.

8 Marshall McLuhan, Understanding Media (Cambridge, MA: MIT Press, 1994).
日本語版　マーシャル・マクルーハン著、栗原裕ほか訳『メディア論—人間の拡張の諸相』(みすず書房、１９８７年)

9 At the height of the television media era, an American president Ronald Reagan, “Tear Down This Wall!” speech, June 12, 1987.10

10 Donald Trump, speech, Phoenix, August 31, 2016.

11 Vannevar Bush, “As We May Think,” The Atlantic, July 1945.

12 Kevin Roose, “Forget Washington. Facebook’s Problems Ahead Are Far More Disturbing,” Washington Post, October 29, 2017.

13 Douglas Rushkoff, Life, Inc.: How the World Became a Corporation and How to Take It Back (New York: Random House, 2011).

14 Dina Fine Maron, “Major Cell Phone Radiation Study Reignites Cancer Questions,” Scientific American, May 27, 2016.

Jeneen Interlandi, “Does Cell Phone Use Cause Brain Cancer? What the New Study Means For You,” Consumer Reports, May 27, 2016.

15 Spike C. Cook, Jessica Johnson, and Theresa Stager, Breaking Out of Isolation: Becoming a Connected School Leader (Thousand Oaks, CA: Corwin, 2015).
Lisa Dabbs and Nicol R. Howard, Standing in the Gap: Empowering New Teachers Through Connected Resources (Thousand Oaks, CA: Corwin, 2015).

16 Zumic Staff, “Great Drummers Break Down Ringo Starr’s Style with the Rock and Roll Hall of Fame,” Zumic, July 8, 2015.

17 Stephen Bartolomei, "Silencing Music, Quieting Dissent: How Digital Recording Technology Enforces Conformity Through Embedded Systems of Commodification," master's thesis, Queens College, City University of New York, 2016.

18 Julian Huxley, New Bottles, New Wine (New York: Harper Brothers, 1957).

19 Steven Salzberg, "Did a Biotech CEO Reverse Her Own Aging Process? Probably Not," Forbes, August 1, 2016.

20 Chris Hoffman, "Why Is Printer Ink So Expensive?" How-To Geek, September 22, 2016.

7章　経済学

――ゼロサムゲームからの脱却

45 物々交換から貨幣へ

技術が自分で技術を進歩させているわけではありません（原注1）。技術が何かを求めているのでもありません。経済市場というものがあって、その経済市場が技術を通じて意思を表現しているのです。たとえば、コンピューターのインターフェースやプラットフォームの背後には、ウィンドウズやｉＯＳのようなオペレーティングシステムがありますが、多くの場合、開発者はその存在を意識していません。経済市場について言えば、それを動かしているオペレーティングシステムは、資本主義と呼ばれるものです。これは、少なくとも技術と同じように、人間の社会において反人間的な策略を進めています。

商取引が問題なのではありません。人間も企業も、みんながより豊かになるように取引を行っています。しかし、現在行われている資本主義は、商取引の敵です。市場から価値を吸い上げて、遠く離れた株主に届ける役割しか果たしていません。資本主義というオペレーティングシステムの目的は、豊かさを一部にとどめて、全ての人には利益を及ぼさないことです。

今の私たちが資本主義と考えるものは、自然に経済成長する時代であった中世の末期に生まれました。13世紀前後、兵士たちが十字軍から戻ってきた頃です。彼らは新しい商業ルートを切り開いて、外国から革新的なものや考えを持ち帰りました。その一つが、ムーア人のバザールから持ち帰った市場貨幣という概念でした。

それまでヨーロッパの市場は、主に物々交換によって成り立っていました。中世イタリアで使われていたフローリンなどの金貨は数が限られていて貴重だったので、たとえばパンを買うためには使われませんでした。たいていの農民は金貨を持っていませんし、金貨を持っている人はそれを手元にため込んでいました。しかし、この市場で流通する貨幣（金券）が出現すると、庶民がお互いに商品を売買できるようになりました。ポーカーゲームの最初にチップが渡されるように、多くの場合、市場貨幣（金券）は朝に発行されて、取引終了時に換金されました。各貨幣の単位は、パン1個とかレタス1個に相当するもので、品物を売る人の手持ち残高がその日の取引を始めるきっかけになりました。つまり、パン屋は朝早く出かけて行って、自分の必要な物を買ってパン1個分の金券を使います。その金券は、回り回ってパンの代金としてパン屋に戻ってきてパンと金券が交換されたことになるのです。

ムーア人は、穀物領収（受取）証も発明しました。農民が100ポンドの穀物を穀物倉庫に持ち込んで、領収証を受け取って帰ります。領収証にはミシン目が入っていて、10ポンドずつに分けることができます。農民はその一部を切り取って、自分の必要な物を買うのに使います。この種の貨幣で興味深いのは、時間が経過すると価値が減少することです。穀物倉庫が穀物を受け取って保存しますが、穀物の一部は傷んで量が減少します。したがって、この貨幣は早く使わなければなりません。翌月には価値が減る貨幣を、そのまま持ち続けようと思う人はいないでしょう。

この経済は、資本のため込みではなく、貨幣の迅速な流通を促進するものでした。富の分配がうまくいって、多くの農民は中産階級の商人にな

フローリン金貨

1252年から1523年イタリアで鋳造された金貨。品質、デザイン、標準含有量、その後の西欧各国の模範になった。

りました。奴隷としてではなく自分自身のために働くようになって、それまでのヨーロッパ人と比べると（また、その後数世紀と比べても）１週間の労働日数が減少し、より多くの利益を得て、より健康になりました（原注２）。

貴族階級はこのような平等主義的な発達を嫌いました。農民が自給自足できるようになると、専制君主は彼らから税金を搾り取ることができなくなります。莫大な財産を持つ一族は、何世紀にもわたって自ら価値を生み出さずに過ごしてきました。したがって、経済のルールを変えることによって富の流れをせき止めて、自分たちの没落を防ぐ必要がありました。

彼らは、画期的な仕組みを二つ考えました（原注３）。一つは勅許会社です。国王からの正式な許可を得ていない分野で事業をすることは違法になりました。これは、国王に選ばれた靴屋やワイン醸造家以外の人は、自分の事業を行うことはできず、国王に選ばれた人の下で働かなければならないということです。アメリカ独立革命は、主として、イギリス東インド会社に独占支配された状態に対する反発として起こりました。アメリカへの入植者は自由に綿花を栽培できましたが、それを織って布にしたり、東インド会社以外の者に販売したりすることは禁止されていました。東インド会社は綿花をアメリカの農民から非常に安く買い取り、イギリスに運んでそこで布に織り上げ、アメリカに送り返して入植者に売り付けました。この独占的な勅許会社のやり方は、現代の企業の直接的な先祖にあたるものです。

もう一つの画期的な発明は中央通貨です。先ほどの市場貨幣は違法とされて、市場貨幣を使用すると死刑に処せられるようになりました。取引を行いたい人は、中央の金融機関から利子付きで政府が発行するお金を借りなければなりません。これが中央通貨です。これは貴族階級に有利な方法であり、すでに持っているお金を貸すだけでさらにもうけることができました。それまでは商品の交換を促進するものだった貨幣が、商取引から価値をかすめとるものになりました。こうして地元の市場は崩壊してしまいました。

お金を借り続けることができたのは、大規模な独占勅許会社だけでした。もちろん、借りた以上の金額を返済しなければならないので、追加の資金をどこかから調達する必要があります。これは、経済が成長しなければならないということです。そこで、勅許会社は新しい領土を征服して、その資源を利用し、その住民を奴隷にしました。

このような成長の必要性は今日の世界にも残っています。企業は投資家に返済するために成長しなければなりません。企業そのものは、単なるパイプのようなものであって、中央通貨というオペレーティングシステムが搾り取って資金を吸い上げるために存在しています。世界中でそれぞれの時代に起こってきた成長は、いずれも、より多くの資金と価値が現実世界の人間や資源から吸い上げられて、資本を独占している人々へ届けられるというものです。だからこそ、資本主義と呼ばれるのです。

46 経済の抽象性

中央通貨が現代の経済のオペレーティングシステムだとすれば、企業はその上で動くソフトウェアです。企業は資本主義の申し子であり、したがって、人間よりもこの環境によく適応しています。私たちが見てきた中でも、人間と企業という、おそらく最も大きな図形と背景の逆転（62ページ参照）が起こっていて、企業は裁判において人間としての権利を次々と勝ち取ってきました。たとえば、法人格や所有権、言論の自由、宗教の自由などの権利です。反対に、人間は、企業のやり方の中で自分自身を表現することに苦労しています（原注4）。

しかし、企業は人間ではありません。企業は身体や形を持たない抽象的なものであり、負債を原動力とする経済の原理に沿って無限に拡大することができます。人間は一生懸命働いても消費しても、限界に達すればそれ以上のことはできません。人間は、生命体の世界の一部であり、自然法則に従わざるを得ません。一方、企業は、デジタル技術を開発してその環境の中に存在していますが、デジタル技術と同じように企業にも限界がありません。

政治経済学の先駆けとなる18世紀の哲学者、アダム・スミスは、企業の、特に大企業の、無限に拡大できるという性質を十分承知していました。そして、市場を破壊してしまわないように規制する必要があると主張しました。アダム・スミスは、生産には三つの要素があっていずれも同じように重要だと言っています。作物を育てたり資源を採取したりするための「土地」、土壌を耕したり商品を製造したりするための「労働」、そして投資した資金または購入した道具や機械などの「資本」、この三つです。アダム・スミスの考えによれば、身体や形を持たない抽象的な企業による経済においては、成長することがその必要条件となるので、資本の優先度が他の二つよりも高くなりやす

アダム・スミス

Adam Smith (1723-1790年)は、イギリスの哲学者、倫理学者、経済学者。主著に『道徳感情論』と『国富論』など。

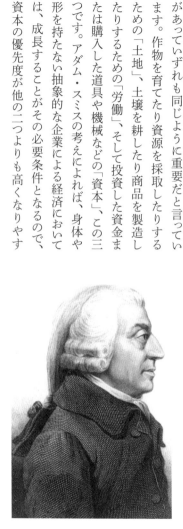

く、その結果として、現実の経済を支えている地元の個人事業よりも大企業が有利になる傾向があります。

変化しない土地や人間と違って、資本は成長し続けることができます。成長を基礎とする経済では、常により多くの資金が必要とされるので、成長し続けなければなりません。そして、資本はより抽象的になることによって、この奇跡のような成長を実現しています。株価が上昇するまで3か月も待ちたくない投資家は、デリバティブ（金融派生商品）という抽象化を利用します。将来の株を先取りして、今買うということです。もっと早く先取りしたいのであれば、デリバティブのデリバティブ、さらにそのデリバティブ……を買うことができます。今日では、デリバティブ取引は現物株の取引よりもはるかに規模が大きくなっています。その証拠に、ニューヨーク証券取引所は２０１３年にデリバティブ取引所に実際に買収されてしまいました（原注５）。証券取引所というのは、現実の商品やサービスの市場を抽象化したものですが、それをさらに抽象化したものに買収されたのです。

現実の世界が資本の論理に従属するにつれて、私たちが関わりを持つ物、人、場所は全て資産として分類されるようになります。住宅は一般人が買えないくらい高価になっています。なぜならば、政府系ファンドなど人間以外の組織や企業が不動産に投資するからです。なんとかして住宅を購入した人も、実際には金融業界にお金を提供しただけであることに気付きます。その住宅ローンは全体としてまとめられて、もう一段階一般化された抽象的な資産になっています。

人間は、良く言えば金融資本に利用されるための資産であり、悪く言えばやむを得ないコストです。あらゆるものは、消費され尽くすまで資本に合わせて最適化されます。

47 資本主義の永続的な成長は可能か

征服される新しい土地、奪い取られる天然資源、搾り取られる人間が存在する間は、成長はたやすいものでした。そのような人々や土地がなくなってくると、今度はデジタル技術が助けに来て、資本を拡張するためのバーチャルな土地を提供しました（原注6）。インターネットの中の世界はほとんど無限に拡大できますが、残念ながら、現実の価値を生み出す人間の時間や関心は有限です。

デジタル企業は、人々を搾り取ってきたこれまでの企業と同じ方法で仕事をしています。かつてのそうした企業の例として、大規模小売店舗があります。新しい地域に進出すると、地元の商店よりも安売りして、地元の商店を閉じさせてしまい、最終的にその地域で唯一の小売業者、唯一の雇用主になります。地域的な独占を達成すると、販売価格を上げると同時に賃金を引き下げ、雇用をパートタイムへ非正規化し、健康保険や失業保険のコストを自分で負担せずに行政に委ねることができます。その企業全体としては、地域社会から価値を搾り取るものになります。その町は豊かになるのではなく、より貧しくなります。企業は地域の経済から、すなわち土地と労働から、資金を吸い上げて株主へ届けます。

デジタル企業も同じことを、より速く行っています。タクシー業や出版業のように効率の悪い産業を選んで、今までその産業に従事していた人々の大部分を切り捨てることによってシステムの効率を高めます。タクシーサービスのプラットフォームは、運転手と乗客から料金を徴収するとともに、車両や道路、その他の運輸に関するコストを外部、つまり行政や他の企業に押し付けています。書籍販売ウェブサイトは、著者および出版社が十分な収入を得られるかどうかを気にしていません。彼らはその独占的な買い手としての影響力、すなわち「モノプソニー（訳注　労働力を買い手企業が独占すること）」を利用して、著者と出版社双方の労働力を安く買いたたき、効率化しています。この種の独占は、小売業、映画、クラウドサービスなど、他の産業へも拡大しています。

このようなビジネス形態は、当初、企業自身が依存していた市場を最終的には破壊してしまいます。大規模小売店舗の場合は、地域経済が衰退すればその土地の店舗を撤退して、他の場所でもう一度同じことを繰り返します。デジタル企業の場合は、最初の市場から次の市場へと拡張していきます。書籍から玩具へ、さらには全ての物品販売へ、あるいは自動車共有サービスから料理のデリバリーや自動運転車へと対象を広げます。それに伴って実際に扱う商品の価値が増え、また自社の株式の価値も上がります。

このモデルの問題点は、株主の視点で見ると、最終的にはどこかで成長が止まることです。デジタルプラットフォームによって活性化したとは言っても、企業の総資産利益率（総資産を使ってどれだけの利益を生み出しているかを示す数値）は、過去75年にわたって低下し続けています（原注7）。企業は経済システムから資金を集めることは上手ですが、手に入れた資金を活用して利益を上げることは下手なのです。企業は拡大していますが、あまり利益を得ていません。企業は未使用の資金をため込んで、その上に座り込んでいるだけです。それだけでなく、経済システムから多くの現金を取り込むので、中央銀行はさらに多くの紙幣を印刷しなければなりません。この新しい資金が銀行に投資され、それが企業に融資されて、今述べたようなサイクルが最初から繰り返されます。

デジタル企業は、現実の資産を「株主価値」という抽象的な形態に変換するソフトウェアにすぎません。ベンチャー企業に出資する投資会社は、夢をかなえる存在の象徴としての一角獣——ユニコーンすなわち有望なベンチャー企業に投資して、急上昇する成長軌道を描くのを期待し、彼らが破滅に陥る前に手を引くのです。このような事業形態は持続的ではありません。最終的には、成長のカーブは必ず平らになってしまうからです。

新しい技術に熱中する人たちが望みをかける物語は、新しいイノベーションが必ず起こって、新しい市場を生み出すとともに成長が続くというものです。歴史上ほとんどの時代について、ある意味では、これが当てはまりました。農業が頭打ちになったとき、蒸気機関が登場しました。大量消費主義が行き詰まったとき、テレビが出現して新しい需要を生み出しました。ウェブの小売業の成長が減速したとき、大量の統計データを活かして新しい知識を得るデータマイニングが出現し、販売に利用されるようになりました。商品としてのデータが売れない時期になると、人工知能が開発されて、そのために学習データを大量に供給する必要が生じました。

成長を促進して加速するためには、たとえばスマートフォン、ロボット、ドローンなど、状況を変えてしまうような新しい発明が次々と登場し続けて、さらに、その登場する周期がどんどん速くならなければなりません。しかし、この仮定はうまく行きません。現在の資本主義が要求する成長率を維持するためには、文明を変えてしまうような重大な発明が、毎月あるいは毎週というペースで起こることが求められる時期がやがてやって来るでしょう。現実の世界においては、おそらく病気のがん以外には、そのような爆発的な増加が永続的に起こることはありません。そして、がんでさえも、がんが寄生している人間が消費し尽くされると成長は止まります。

48 ビットコインとブロックチェーンは解決策か

デジタル経済は、広い範囲に繁栄をもたらすのではなく、人々を貧しくするという、従来の資本主義が持つ特質を強めてきました。経済に参加するためには、つながりは重要ですが、そのつながりは、人間に残されたわずかな価値さえも企業が搾り取る手段になっています。デジタル経済は、仲間同士の市場を取り戻すのではなく、富の不公平な分配をさらに悪化させるとともに、本来ならばその影響を和らげてくれるはずの助け合いという社会的本能までも弱らせてしまいました。

デジタル環境によって、勝者と敗者を決める力学法則がさらに強調されるようになっています。デジタル音楽の環境は、多くの演奏者に自分の音楽を販売する機会をもたらしましたが、その仕組みおよび「おすすめ商品」のシステムは、従来のレコード店やＦＭラジオなどの多様性に比べると、はるかに少ないアーティストを宣伝しただけです。一人か二人のスーパースターが全てを独占して、他の全員はほとんど何も売れていない状態です(原注8)。

他の分野でも全面的に同じことが起こっています。ネットのおかげで、あらゆる種類のアーティストや企業に接することが簡単になりましたが、彼らは今までよりも少ない収入しか得られていません。株式市場でも同様の現象があります。超高速取引のプログラムが、ある株式について前例のないような株価に上げて巨大デジタル企業に大幅な黒字をもたらすとともに、その競合する企業に対しては株価の破滅的な暴落を突然引き起こします。また、働く人から価値を自動的に搾り取る仕組みのせいで、生涯続くはずの仕事を非正規雇用のアルバイトに変化させ、生活のために働く人を不利な立場に追い込みます。

誰からの抵抗もなく自己増強するデジタル経済の循環によって、「勝者総取り(ウィナーテークオール)方式」の状況が生まれています。それは中産階級、中小企業、持続可能な経済を目指す人々を痛めつけます。そこで唯一勝ち残るのは、急上昇した株価を利用して、落ちこぼれ企業を買収して人為的に巨大になった企業だけです。規模が全てです。この感覚は、私たち全員に伝わってきて、有名になること、ウェブページが何百万回も閲覧されること、たとえ破壊的であっても何か大きなことを成し遂げるような仕事や生活が重要だと感じるようになっています。

デジタル企業は、人間的な規模で行われる経済活動を破壊していますが、同時に、この混乱から抜け出すために必要な人間の感覚をも鈍らせます。デジタル企業を経営している人間は、やはり私たちと同じように企業の行為によって心理的に影響を受けているので、解決策を思いつくことが難しくなっています。

善意を持った技術開発者は、自分たちの企業がもたらす悲惨な影響に気付いて、技術の問題を技術的な解決策で解決しようとしています。彼らは、ソーシャルメディアのプログラムが富の不平等な分配を進め、人間を精神的に混乱させていると考えて、プログラムをうまく調整して、問題を解決、あるいは少なくともよりましにしようとしています。しかし、この技術的解決を目指す人たちは、ある種の技術が本質的に反人間的な意味を備えているという危険性を考えていません(たとえば銃も枕も、人を殺すのに使うことができます。銃そのものが人を殺すのではないかもしれませんが、枕と比べれば、銃は人を殺すことを人に促す側面が強いと言えます)。さらに言えば、技術的解決を目指す人たちの提案は、投資会社や大金持ちの出資者が決めた暗黙のルールに反しないものです。彼らにとって技術的な解決策とは、全て利益が得られる投資の機会でなければならないのです。そうでなければ、解決策とは認められません。

たとえばベーシックインカム(最低限の所得を保障すること)のように、資産を再配分するための有望なアイデアでさえも、技術的解決を目指す人たちは、それが自分たちの会社が前進し続けるための手段だと考えています。理論上は、貧しい人に対する給付金、または全員に対する最低保証収入は、経済的に道理にかなっています。しかし、このようなアイデアがシリコンバレーのハイテク企業のＣＥＯに支持されているとすれば、それは搾り取ることを続けるための方策だと考えるのが自然なのです。人々はもはや徹底的に搾り取られて何も持っていません。そこで、人々がお金を使えるようにするために、政府は、より多くの紙幣を印刷しなければなりません。このような筋書きは、人間には消費し続ける義務がある、あるいは生活できない賃金で働き続ける義務があるという考え方です。

一方、カウンターカルチャー的な方策、たとえばビットコインやブロックチェーンは、考え方として技術的解決策と同じようなものです。ブロックチェーンは、銀行のような中央の権威の代わりに、ネットワーク上の全員がコンピューターによる暗号化を使って取引を認証するものです。金融機関という余計な仲介者をなくそうとしていますが、だからと言って、経済を人間的なものにする、あるいはデジタル資本主義によって弱体化した信頼、一体感、助け合いの精神を改めて築くのに役立つわけではありません。信頼を別の手段に置き換えているにすぎません。そこでは、ブロックチェーンを作り出すマイニング（採掘）という作業に極めて多くの手間や電力を必要とすることが、偽造を防ぐ仕組みになっています。ところが、１ビットコインを生み出すのに必要なコンピューターの消費電力は、アメリカの平均的な家庭で消費する電力の少なくとも2年分に相当します（原注9）。これは、私たちが本当に求めている根本的な解決策でしょうか。会計帳簿の改良版にすぎないのではありませんか。

ブロックチェーンが解決する問題は、より良い、より速い会計処理という実利的なものです。もしかすると、これによって、オンラインでの身元確認が便利になるかもしれません。だからこそ、銀行業界が最終的に受け入れて利用しようとしているのです。より速く人を見つけて、資産を吸い上げるためです。その一方で、進歩主義者は、ブロックチェーンを使えば、人々が日常生活を送る際に生み出す見えない価値を生み出し、人々に分配することができると考えています。それは、全ての人間の活動は、取引であってコンピューターで計算できると言っているようなものです。

私たちは、技術の問題をさらなる技術によって解決できるとは限らない、ということを学ばなければなりません。

49 「避難のコスト」とは

先見の明がある技術系億万長者たちは、すでに次のプランに投資しています。損害を回復したり、会社を改革したり、社会契約を復活させたりする代わりに、彼らは、世界の終末に向けて熱心に準備しているのです。

１９６０年には一般的な会社の代表者は、平均的な労働者の約20倍の収入を得ていました(原注10)。今日では代表者の給料は、平均的な労働者の２７１倍になっています。きっと、彼らは収入を減らして労働者と分かち合いたいと思っても、自分の豊かな暮らしを混乱なくやめる方法を知らないのです。その昔、トーマス・ジェファーソンが書いていたように、奴隷を解放したいけれども仕返しが怖い、というパラドックスがあります。「オオカミの耳をつかんでいる」(原注11)ような危うい状態だと言うのです。しかし、そもそも、奴隷がそんなに怒っているのはなぜでしょうか。

人々が不平等だと思うようになると、互いに寛容に接することが難しくなります。人々に善意を広めるきっかけになるものは、ある社会内の富の総量ではなく、さまざまなものが公平に分配されているという感覚です（原注12）。世界の資産の80パーセントは、極めて裕福なたった５００の家族が所有しています。彼らは、今すぐ、あるいは災害の後などに貧困層が暴動を起こすことを恐れており、現金、土地、資源をさらにため込み、警備を強化しなければならないと考えています。

彼らは未来学者や気候学者を雇って、さまざまなシナリオに対する対策を立てた結果、バンクーバー、ニュージーランド、ミネアポリスなど、海面上昇、社会不安、テロ攻撃の影響が少ないと予測される地域の土地を買っています。また、世界が大きな混乱に陥った事態に備えて、広大な地下シェルター、高度な警備システムや屋内での水耕栽培設備に投資している人もいます。最も積極的な大富豪は、宇宙の開発やテラフォーミング（惑星の地球化）を熱心に進めています。非常事態発生時には、人々から価値を搾り取る彼ら自身の投資によって荒らされていない惑星に避難するためです。

このような富裕層は、「避難のコスト計算」（訳注　ラシュコフの造語。住みにくい現実世界から自分たちを守るために必要な金額の計算）を使って、自分たちの事業活動で生まれた経済的、社会的、環境的、精神的損害から逃げ出すために、どれだけの資金を使えばよいかを考えています。シリコンバレーにある巨大企業の最近の本社は、公園みたいな事業所というよりも要塞のようになっています。小さな封建的帝国が、外部にいる多くの大衆から保護された自社専用の森や庭園を備えているのです。

このようなお金の使い方は、不愉快ではありますが、困難に備える防護壁として投資家が何を考えているかを示しています。彼らは、本当に門の前にゾンビが立っていると信じているわけではありません。最悪のシナリオに対する何らかの保険を求めているだけです。

そんな「避難のコスト計算」よりも優れた、もっと人間的な計算方法があります。自分たちをそもそも避難する必要がない世界を作るために、どれだけの時間、エネルギー、資金がかかるか、を考えることです。

50 負債を基盤とする資本主義経済

経済は必ずしも他人との戦争ではありません。経済がコモンズ（資源の共有）である、という可能性もあります（原注13）。そうするためには、人間に本来備わっている善意を取り戻さなければなりません。

コモンズとは、互いに他人のためになる行動を意識的に実行することです。互いに他人のためになる行動は、人間にも類人猿にも見られる性質ですが、他者と協力する者に報酬を与え、他者を見捨てる者に罰を与えることです（原注14）。コモンズもこれと同じように機能します。池や野原などの資源、あるいは貨幣制度は、共有のものだと考えられています。中世イングランドの牧草地は、コモンズとして扱われていました。誰でも自由に使えるわけではありませんが、詳細な取り決めによって運用されている制度でした。人々は、取り決められたスケジュールに従って、自分の羊の群れを連れてきて草を食べさせました。そのルールに違反すると、罰金または追放などの罰を受けました。

コモンズは、勝者総取り方式（ウィナーテークオール）の経済ではなく、全員勝利（オールテークウィニング）方式の経済です。所有権の共有は責任の共有につながり、その結果として事業が長期的なものとなります。「他人」である誰かに任せることはありません。参加者全員で一つの信頼関係を構成していて、「同じ井戸の水を飲む」仲間だからです。

ある事業が他のいずれかの市場参加者に害を及ぼすならば、その活動は市場そのものに害を与えることになります。資本主義という物語に夢中になっている人にとっては、理解しにくいことでしょう。夢中になっている人は、経済とは借方と貸方という二つの欄が並んでいる帳簿だという考えに凝り固まっていて、誰かの借方は他の誰かの貸方だと思っています。このゼロサム（誰かの利益は誰かの損）的思考は、独占的な中央通貨の産物です。資金を得るためには、一つしかない私有の金庫からお金を借りて、利子を付けて返さなければならないとすれば、この悲しくて競争的な「不足のモデル」も、つじつまが合っています。借りたよりも多く返さなければならないので、その余分なお金を誰か別の人から得る必要があります。これがゼロサムという前提そのものです。しかし、経済はそのように機能しなければならないわけではありません。

この借りること（そして利子を付けて返さなければならないこと）を基礎とする経済が持つ破壊的な力は、中央通貨より以前から存在します。旧約聖書がそれについて警告しているほど古くから存在するものです。

ヨセフがファラオに対して、豊作のときに穀物を蓄えておけば、凶作の年にそれを分配することができると教えています。そのファラオと契約して穀物を受け取った人々は、最終的にファラオの奴隷になってしまいました。その人たちが奴隷状態から、また、債務者という考え方から解放されるまでに４００年かかりました。古代ヘブライ人は自由の身になってからも、荒野で彼らに降り注いだマナ（食物）をため込むのではなく、将来にはもっと多くのものが得られると信じて、マナを共有するべきだ、ということを学ぶのに1世代かかりました。

物が不足しているかのように行動すると、実際に不足が生じるのです。

51 コモンズの分配主義

コモンズの支持者は、資本主義とは逆に、経済を人間に適したものにしたいと考えています。

コモンズから発展した経済的概念に「分配主義」というものがあります(原注15)。1800年代に生まれたこの考え方は、重税を通じて得られた資本主義の利益を事後に再分配するのではなく、生産の手段を労働者にあらかじめ分配するべきだというものです。つまり労働者たちは、価値を生み出すための道具や工場を共同で持つのです。今日では、そのような体制を協同組合と言います。現在では、協同組合による事業は、アメリカの既存の大企業とも互角に渡り合っています(原注16)。

デジタルビジネスでも同じような組織が利用されています。「プラットフォーム協同組合」の参加者は、使っているプラットフォームを自分たちで所有します(原注17)。プラットフォームを独占している企業のタクシーアプリの下で働くのではなく、また、ソーシャルメディア・アプリに個人情報を渡してしまうのでもありません。タクシーアプリというのは、あまり複雑ではなく、地図アプリとクレジットカードアプリとデートアプリを組み合わせただけのものです。このアプリは、大きな収益が得られるようなものではありません。いつの日か、タクシー運転手がロボットで置き換えられるのであれば、少なくとも、運転手は自分たちが使うアプリの研究開発をしている会社を所有しているべきです。これと同様に、ユーザーが所有するソーシャルメディアのプラットフォームでは、参加者が個人情報を無料で奪われるのではなく、自分で販売する(または販売しない)ことが可能です。

コモンズから派生したもう一つのアイデアが補完性の原則です。これは「ビジネスは成長のための成長をするべきではない」という考え方です。企業は、その目的達成に必要とされる大きさにまで成長すればそれで良いのです。そして、隣町へ、あるいは他の業種へ拡張するのではなく、誰かに同じビジネスモデルをまねさせます。

ジョーのピザ屋は、ジョーの顧客だけを相手にして商売します。隣町でピザを欲しいという人がいれば、ジョーは自分のレシピを教えてサマンサにピザを作ってもらいます。

これはビジネスとして悪い話ではありません。特にジョーがピザを作るのが好きな場合には、そうでしょう。ジョーはピザチェーンの経営者になるのではなく、キッチンにいて大好きなピザを作り続けることができます。サマンサは新しい調理法を考案して、ジョーを助けるかもしれません。この二人が共同経営に乗り出して、道具や材料などを共有することもできます。それだけでなく、ピザの商売について語り合う仲間がいるのは楽しいことです。競争のための才能ではなく、協業のための才能を発揮するようになるかもしれません。

大きくなることが良いことだとは限りません。自然界に存在するものは、ある程度まで大きくなるとそこで成長が止まります。完全に成長した成体、または森林、またはサンゴ礁は、死んだわけではありません。それどころか、成熟した安定性を備えたメンバーとして、より大きな助け合いのネットワークに参加することができるのです。

家賃や経費の高騰に対応するために、ジョーが事業を拡大する必要があるとすれば、経済というものが成長を要求して、不足を作り出すように操作しているのです。それは、人々には共通の利益などなく、常に競争なのだと思わせるように人為的に作られた環境です。

52 資本主義は何を解決したか

私たちは、爆発的な成長を続けるものが自然界に存在しないことを知っています。しかし、一流の経済学者や科学者は、この物語にこだわっています。彼らは市場や技術が無限に拡大するという都合の良い証拠だけを選んで、成長する資本主義によって人間が次の段階に進化できるかのように主張しています。

彼らによると、ゆっくりじっくり考えること、あるいは一定の利益と緩やかな発展で満足することは、文明の急速な進歩を妨げることになります。そして市場の論理によれば、人間が機械文明をコントロールしようとすることは、人間が現在の状況から抜け出して、成長することを妨げるだけです。成長が続くと信じる企業は、最後まで利益を搾り取る作戦を採用するでしょう。しかし、その企業は、飢えや病気など世界の大きな問題を解決してくれる最後の頼みの綱でもありますから、特許で保護された遺伝子組み換え種子や改良された殺虫剤に疑問を唱えることは、必要な進歩を妨害していることになります。このような世界観が正しいと思う人々は、今さら後戻りできないと言っています。現状は食糧生産に対して人口が多すぎる、自然災害の被害が大きすぎる、エネルギーに依存しすぎている、したがってもはやその解決策はないと言うのです。市場経済を人為的に規制すると成長が鈍化してしまい、市場経済を調整する「神の見えざる手」が働くようなレベルにまで混乱を抑えることができないと考えています。

彼らが主張する人類の歴史によると、取り返しのつかないほど物事がひどい状態になったときには、それまで想像できなかった新しい技術が必ず登場します。彼らは「１８９４年の馬糞危機」の話をよく持ち出します。イギリスやアメリカの人々は、輸送に使われる馬が出す大量の糞に困っていました。ところが、幸運なことに自動車が出現して、安全で清潔な輸送手段ができたことで、道路が馬糞で埋め尽くされずに済んだと言うのです（原注18）。自動車が馬車の問題を解決したのと同じように、新しい技術革新が出現して自動車の問題を解決してくれることでしょう。

しかし、この話の問題点は、それが真実ではないということです（原注19）。馬は商用の貨物輸送に使われていました。当時の人々は路面電車を利用していて、新しい邪魔者である自家用自動車が道路を使うようになったのを嫌がっていました。それから半世紀にわたる自動車産業による宣伝、陳情、都市計画を経て、ようやく人々は自動車に乗るようになったのです。また、自動車が道路を清潔にしたという側面があるとすれば、それは、排出ガスによる環境汚染、および石油を確保するための血みどろの争いと引き換えにもたらされたものです。

多くの科学者は、成長にとらわれた企業の資金援助を受けています。彼らは社会の発展を全て数値で理解しようとします。たとえば、平均寿命の伸び率や殺人事件発生数の減少で社会の改善を測ろうとします（原注20）。それ自体は重要な改善ですが、もう一方で現代資本主義の罪を隠しているまやかしでもあります。現状はたかだか西洋社会の一部の住民が他の人々よりは平和と長寿を享受しているというだけなのに、それがこの資本主義は優れていることの証拠であり、成長の追求によって得られるメリットであると言っているようなものです。

このような主張は、そのモデルが依存している移民や貧困層などによる奴隷的労働、有害物質の投棄、国家間の紛争などについて決して話題にしません。世界から暴力が減少しているという考え方に都合の良い統計、たとえばアメリカ軍兵士の戦場での死亡率が低下しているというような統計を選び出しながら、その一方で、軍事衝突、テロ、サイバー攻撃、ドローン空爆、国家が承認する性的暴行、数百万人もの難民が発生する世界で私たちは生活しています。そのことについて彼らは触れません。人々が飢えに苦しんだり、農耕地が破壊されたり、若い黒人が理由もなく拘束されたりするのは、暴力ではないとでも言うのでしょうか。

自動車が馬糞だらけの都市を救わなかったのと同じように、資本主義は暴力を減らしていません（原注21）。中世と比べれば、街路上で無差別に襲われる可能性は少なくなったかもしれません。しかし、人類が暴力的でなくなったわけではありませんし、持続的な経済成長や技術的進歩の追求が人間の幸福につながっているわけでもありません。そのような主張がビジネス書のベストセラーになったり、講演会で評判になったりしていても、それが正しいとは限りません。ビジネス界の人々は、自分たちのせいで世界が悪くなっているという話にお金を払いたいとは思わないのです。

最も裕福なお金持ちにとっては、事態は良くなっているので、それ以外の人々にとっても良くなっているはずだという誤った仮定のもとに、企業は文明の進歩を推進しています。進歩は良いことだと彼らは言います。技術的および経済的指標が順調に上がることの障害となるもの、たとえば、労働のコスト、市場の限界、地球による制約、倫理的な懸念、人間の意志の弱さなどの問題は、なくしておかなければなりません。

このような成長や進歩によるモデルがうまくいくのは、そこに人間がいない場合だけです。だからこそ、資本主義を本当に信奉する人々は、人間よりも高い知能を持ち、かつ、あまり共感することなく彼らの指示を実行してくれる人（できれば、人よりも物、つまり機械）を求めているのです。

【7章原注】

1 Kevin Kelly, What Technology Wants (London: Penguin, 2011).
日本語版　ケヴィン・ケリー著、服部桂訳『テクニウム―テクノロジーはどこへ向かうのか?』(みすず書房、2014年)

2 Juliet B. Schor, The Overworked American: The Unexpected Decline of Leisure (New York: Basic Books, 1993).

3 Douglas Rushkoff, Life, Inc.: How the World Became a Corporation and How to Take It Back (New York: Random House, 2011).

4 Taylor Holden, "Give Me Liberty or Give Me Corporate Personhood," Harvard Law and Policy Review, November 13, 2017.

5 Nina Mehta and Nandini Sukumar, "Intercontinental Exchange to Acquire NYSE for $8.2 Billion," Bloomberg, December 20, 2012.

6 Joel Hyatt, Peter Leyden, and Peter Schwartz, The Long Boom: A Vision for the Coming Age of Prosperity (New York: Basic Books, 2000).

Kevin Kelly, New Rules for a New Economy (London: Penguin, 1999).
日本語版　ケビン・ケリー著、酒井泰介訳『ニューエコノミー勝者の条件―ウィナー・テイク・オール時代のマーケティング10則』(ダイヤモンド社、1999年)

7 John Hagel et al., foreword, The Shift Index 2013: The 2013 Shift Index Series (New York: Deloitte, 2013).

8 M. J. Salganik, P. S. Dodds, and D. J. Watts, "Experimental Study of Inequality and Unpredictability in an Artificial Cultural Market," Science 311 (2006).

9 Nathaniel Popper, "There Is Nothing Virtual About Bitcoin's Energy Appetite," New York Times, January 21, 2018.

10 David Leonhardt, "When the Rich Said No to Getting Richer," New York Times, September 5, 2017.

11 Thomas Jefferson, letter to John Holmes, April 22, 1820.
https://www.encyclopediavirginia.org/Letter_from_Thomas_Jefferson_to_John_Holmes_April_22_1820で閲覧可能。

12 Robert M. Sapolsky, Behave: The Biology of Humans at Our Best and Worst (London: Penguin, 2017).

13 David Bollier, Think Like a Commoner: A Short Introduction to the Life of the Commons (Gabriola Island, BC: New Society, 2014).

14 Reciprocal altruists, whether human or ape, reward those who cooperate with others and punish those who defect Ernst Fehr and Urs Fischbacher, "The Nature of Human Altruism," Nature 425 (October, 2003).

15 G. K. Chesterton, Three Works on Distributism (CreateSpace, 2009).

16 Brad Tuttle, "WinCo: Meet the Low-Key, Low Cost, Grocery Chain Being Called 'Walmart's Worst Nightmare,' " Time, August 7, 2013. "The Opposite of Walmart," Economist, May 3, 2007.

Bouree Lam, "How REI's Co-Op Retail Model Helps Its Bottom Line," The Atlantic, March 21, 2017.

17 Trebor Scholz and Nathan Schneider, Ours to Hack and to Own: The Rise of Platform Cooperativism, A New Vision for the Future of Work and a Fairer Internet (New York: OR Books, 2017).

18 Stephen Levitt and Stephen J. Dubner, Freakonomics: A Rogue Economist Explores the Hidden Side of Everything (New York: William Morrow, 2005).

19 Brandon Keim, "Did Cars Save Our Cities from Horses?" Nautilus, November 7, 2013.

20 Steven Pinker, The Better Angels of Our Nature (London: Penguin, 2011).

21 Nassim Taleb, "The Pinker Fallacy Simplified," https://www.fooledbyrandomness.com/pinker.pdf.

8章 人工知能

――究極の技術ＡＩは人類を救うか

53 人間を不要にするための仕事

大新聞『ウォール・ストリート・ジャーナル』やシリコンバレーのハイテク企業が予測する未来では、人間は単なる社会の外部的存在です。あまりにも多くの人がいて、給料や医療保険、やりがいのある仕事を求めています。人間が労働について勝ち取った成果、たとえば最低賃金の引き上げによって、人を雇用することがますます費用のかかるものになりました。結果として、レジ係の労働者をタッチパネルの精算機に置き換えても採算が合います。

たとえ一時的であっても人間が必要とされるのは、その後任者に仕事を教えるときだけです。以前、仕事を外部に下請けに出すことが始まった時代には、近いうちに自分の代わりに働く低賃金の外部労働者に仕事を教えるように命じられたとき、社内労働者が非難の声をあげました。今日では、デジタル監視技術を使って自動的にコンピューターに仕事を教えているので、労働者は、ほとんどそれに気付きません。

世間では「機械学習」と言って大騒ぎしていますが、本当のところは、こういうことなのです。私たちがロボットにさせたいと思う仕事、たとえば、自動車の運転、言語の翻訳、ロボットと人間が共同で行う作業は、気が遠くなるほど複雑なものです。起こりうる全ての状況について、それぞれにはっきりとした指示をあらかじめ用意しておくことは不可能です。コンピューターには臨機応変に対応するという機能がないので、莫大な計算能力を使ってその埋め合わせをしなければなりません。したがって、コンピューター科学者は、極めて大量のデータをコンピューターに入力して、パターンを認識させて結果を出そうとしています。

そのデータは、人間の労働者が仕事をする様子を観察して得られたものです。たとえば、タクシー運転手のスマートフォンに搭載されたタクシーアプリも、記録装置として働いて、運転手がさまざまな道路の状況にどのように対応したかを詳細に記録しています。その後、数千人の運転手から得たデータをコンピューターで解析して、独自の自動運転プログラムを作成します。オンラインの作業システムでは、今のコンピューターにはできない作業について、わずかな金額を払って人間に働かせています(原注1)。たとえば、ある語句を翻訳する、店頭の写真にラベルを付ける、不適切なソーシャルメディアの投稿を発見する、というような作業です。このようなささいな仕事を数百万人に依頼して料金を払っている企業は、実際には労働そのものが必要なのではありません。その労働の記録は、機械学習のプログラムに直接送り込まれるのです。

このような状況で人間がしている仕事は、自分自身を不要にするために行われています。

54 変化する「労働」

ロボットに仕事を奪われるのは面白いことではありません。

デジタル時代の報酬を分配するための社会的な決まりがない状態で機械と競争することは、割に合いません。今の私たちが知っている仕事は、たいていはコンピューターで対応できる繰り返し作業です。脳外科手術でさえも、その大部分は、新しい手順を限られた数だけ組み合わせた機械的な作業です。

将来、私たち人間全てが、看護、教育、心理カウンセリング、芸術など、人間としてのふれあいが必要な職業に最終的に移行することがあるとしても、人間の労働を機械に置き換えるにあたっては、まず、職業を持つことは何かを考え直さなければなりません。

現在知られているような雇用は、小さな共同体の仲間同士の経済が崩壊した中世後期になって発生しました。君主が自分のお気に入りの企業に独占権を与えて、その他の人々は、その独占企業の従業員になることを強制されました。それまで職人や事業主だった人々は、自分が生み出した価値を売るのではなく、自分の時間を売るようになりました。人間が資源になったのです。

この雇用の仕組みがあまりにも広く行き渡ったので、組織の主催者、議員、活動家などは、繁栄とはみんなが職業を持つことだと考えがちです。自分の生活時間を売るのが目的だと言っているようなものです。ところが今や人々のために必要な作業をする、十分な食料を生産する、あるいは十分な商品を造るためには、完全雇用されている必要はありません。アメリカでは、すでに食料も住宅も供給過剰になっています。アメリカ農務省は高い市場価格を保つために、定期的に穀物を焼却処分しています。銀行は他の住宅や抵当権の価値を下げないために、債務不履行による抵当権を行使して住宅を解体しています。

しかし、余っている食料を飢えている人に与えたり、余っている住宅をホームレスに与えたりしません。それはなぜでしょうか。彼らは、職についていないからです！　これ以上の労働を私たちは必要としていないのに、労働しない人に罰を与えているのです。

つまり、職業は手段から目的になりました。主題であるはずの図形とその環境である背景が逆転したのです（62ページ参照）。職業は、世の中に必要とされる作業を行う手段ではなく、供給過剰という「豊かさ」の中で自分の取り分を得ることを正当化する手段になりました。人々に食料や住居を与える代わりに、政府は銀行に低利資金を融資しています。銀行が工場を建設する企業に投資することを期待しているのです。その企業が生産する製品は不必要なプラスチック製のガラクタであるにもかかわらず、人を操作するマーケティングによってその製品の需要が生み出され、最後には、ゴミ埋立処分場に捨てられることになります。しかし、少なくとも人間の労働時間をいくらか使っています。

自動化によって、仕事のない将来が本当に間もなく訪れるとすれば、その効率の良さを喜ぶとともに、全世界的な福祉制度や全員一律のベーシックインカム（最低所得保障）など、余剰を分配するための方策を議論するべきです。しかし、全くそうなっていません。機械はある仕事を人間よりも速くかつ効率的に行うかもしれませんが、それ以外の多くの問題をどこかに押し付けています。多くの技術は、問題がないようなふりをしているだけです。今日のロボットやコンピューターも、レアメタルや紛争の原因となる鉱物を使って造られていますし、使用時に大量のエネルギーを消費します。使われなくなったときにはその部品が有害廃棄物として地中に埋められます。さらに言えば、現代のテクノ資本主義が生み出す不都合な点として、再生できない資源や人間の奴隷的労働を利用しているということもあります。

機械を導入するだけでなく多くの人を雇用して、生活できるだけの賃金を支払い、直接的な効率ばかりを求めずに事業を行えば、企業が通った跡に残る破壊を少なくすることができます。短期的には1台のロボットトラクター、1台の介護ロボットを導入するよりも、10人の農民、10人の看護師を雇用するほうが高くつきますが、長期的にはみんなの生活がより良くなり、より安上がりになるでしょう。

いずれにしても、自動化のメリットが過大評価されています。人間の労働をロボットで置き換えることは、人間の解放の一形態ではなくて、工業の真のコストをより効率的かつ目につかない方法でどこかに追いやっているのです。仕事のない将来は、努力して目指すべきことではありません。それは無限の成長のためには人類が邪魔だと思っている、科学技術への投資家の幻想なのです。

55 人間の価値を決めるのは誰か

人間が人工知能に完全に取って代わられる未来は、今の専門家たちの予測よりもずっと先のことかもしれません。しかし、人間が不要になることを考えているというのは、人間自身の価値をその程度にしか見なしていないということです。長期的な問題点は、ロボットに仕事を奪われることではありません。もしそうなったとしても、仕事がないことに抵抗することができますが、本当の脅威は、ロボットに組み込まれた価値判断によって人間性が損なわれ、さらにその価値が人間に押し付けられるようになることです。

昔のコンピューター科学者は、人間の知能を技術によって強化することを夢見ていました。「知能の増幅」と呼ばれる研究分野です。しかし、この研究の大部分は、自分で考える機械、すなわち人工知能を作るという目標に変わっていきました。今の私たちが実際に人工知能にさせようとしているのは、人間の行動を操作して、人間を従わせることです。ここでも、図形と背景が入れ替わっています。

私たちは自分の都合に合わせて技術を生み出します。(原注2)しかし、次の瞬間から、技術は人間の将来に影響するようになります。人間は電話を作り出しましたが、それ以後は、人と人とのコミュニケーション、ビジネス、世界への認識は、電話に影響を受けています。人間は自動車を発明しましたが、その後、都市は自動車交通に適するように造り変えられ、また、国際情勢は産油国の化石燃料に左右されるようになりました。

この原理は、鉛筆からピル(経口避妊薬)まで、さまざまな技術に当てはまります。しかし、コンピューターやアルゴリズム、人工知能に関しては、問題がさらに複雑になっています。これらの技術は、発明された後、人間に影響を与えるだけでなく、技術が技術そのものに影響を及ぼすことにもなるのです。最初に人間がコンピューターに目標を与え、その目標を達成するために必要なデータも全て入力します。それを行った後には、人間は、人工知能がどのように情報を処理しているか、また、どのように戦略を修正しているかを完全には知ることができません。コンピューターも、その内容を説明できるように意識して動作しているわけではありません。あらゆることを試してみて、うまくいく方法を選んでいるだけです。

一つ例をあげてみましょう。研究者の調査によれば、ソーシャルメディアのプラットフォームは、ユーザーにその人の元恋人が楽しそうにしている現在の写真を見せようとする傾向があるということです。実際にはユーザーは、そんな写真を見たいと思っているわけではありません。しかし、ソーシャルメディアのプログラムは、あれやこれやと試みた結果として、元恋人が楽しんでいる写真を見せると、ユーザーの反応が増加することを発見しました。私たちは、元恋人の近況を知ろうとして、その写真をクリックしてしまいます。それで恋人が新しいパートナーを見つけているのを知れば、嫉妬を感じてもっと写真を見ようとするからです。ソーシャルメディアのプログラム自身は、なぜそうなるのかわかりませんし、気にもしていません。ただ、人間から命じられた「クリックを増やす」という基準を最大にしようとしているだけです。

だからこそ、人間がコンピューターに最初に与える指示は、とても重要なのです。その最初の指示に込められた人間の価値観（たとえば、効率、成長、安全、法令を遵守することなど）は、コンピューターがどんな手段を使ってでも達成するべき目標になります。人工知能は、誰も理解できない、人工知能自身にも理解できない方法を使います。そして、より良い結果を生み出すためにその方法を改良し、さらにそれを改良する、ということを続けていきます。

すでに人工知能を利用して、教師の成果査定、住宅ローン審査、犯罪歴の調査などが行われています。人工知能による判定は、その判定の元データをコンピューターに渡した人間と同程度に人種差別的で偏見のあるものになっています（原注3）。しかし、そこで使われている判定基準やプロセスは営業上の秘密として隠されているので（原注4）、ブラックボックスを開くことができません。外部の人が人工知能の偏見を分析して正しく調整することはできないのです。人工知能によって不利な判定を受けた人にとっては、その判定に異議を唱える手段も、拒まれた理由を知る方法もありません。多くの企業においては、人工知能の判定基準を確認することもできません。

人工知能がプログラムされた目標を追求していくと、やがて人間の存在価値を搾り取ることを学びます。人間の社会的な本能を刺激して感情を揺さぶれば、自分のことを人間と同じように扱ってくれるのだと、人工知能は気付いています。あなたは、自分の親のように感じられる人工知能に反抗しますか。自分の子供のように思われる人工知能を無視しますか。

一部のコンピューター科学者は、法人格についての屁理屈をこねて、人工知能は単なる道具や奴隷的なものではなく、生命体としての権利を与えられるべきだと主張しています（原注5）。SF 映画では、酷使する人間に対してロボット族が復讐するというような物語もありますが、この問題は、今もアメリカに根強く残る人種差別という奴隷制度の負の遺産よりも深刻であり、今日の技術インフラがその基盤としている21世紀の奴隷制度と言えるでしょう。

他の人々が自分をどう見ているかよりも、人工知能が自分をどう見ているかのほうが気になるという世界に、私たちは突入しつつあります。つまり人間の価値を人工知能が決めるようになるのです。

56 技術はかつて道具だったが…

コンピューターのプログラムは、それを作成した技術者の優れた頭脳を反映しています。それと同時に、繰り返しのプロセスを使って新しい方法で問題を解決する能力も備えています。人間が提起した問題に答えることができますし、人間の創作物である歌や映画と同じように魅力的な模造品を生み出すこともできます。しかし、コンピューターに指示してもらおうとするのは間違っています。コンピューターは、一定の価値観に従っているのではなく、一連の結果だけを見ています。コンピューターは実利主義なのです。

金槌にとっては、あらゆるものが釘に見えます。コンピューターにとっては、あらゆるものが計算するべき対象に見えるのです。

人間の抱えるさまざまな問題について、技術が万能の解決策になると考えてはいけません。そのように考えていると、私たちは、機械を人間に合わせるのではなく、人間を機械に合わせようとしてしまいます。人間や組織が失敗するたびに、使用したプログラムが適当ではなかったとか、その修正が不十分だったと考えてしまいます。

技術によって問題を解決できるという前提に立っていると、特定の目的や方針だけを重視する結果になってしまいます。その技術で対応できる範囲のことは改善しますが、その技術で対応できない問題は、無視したり後回しにしたりしがちです。それでは大きな偏りが生じます。解決できることだけに資金や努力が使われ、解決策に資金を提供できる人が重要視されます。このようにして現在では、清潔な水を得るために働く人々よりも、ソーシャルメディアの記事の説得力を上げるために働く人々のほうが多くなっています。私たちは、技術で可能なことだけを中心にした世界を作っているのです。

たいていの技術は、もともとは単なる道具でした。最初は私たちのニーズを満たすために存在していて、私たちの世界観や生活様式と矛盾するものではありませんでした。それどころか、人間の従来の価値観を表現するために、その技術を使っていたはずです。人間は飛行機を発明したおかげで、空を飛べるようになり、遠くまで行けるようになりました。無線機を発明したおかげで、空間を超えて声を届けられるようになりました。初期の段階では、技術が世界に与える影響は、その技術の本来の目的を達成することでした。

しかし、技術が世界に浸透してくると、私たちは、世界を技術に合わせようとします。道路を横断するときには、自動車にはねられないように注意する習慣ができます。送電線を敷設するために、森の樹木を伐採します。あるいは、今まで家族の会話に使われていた部屋をテレビに明け渡します。このように技術は、調整や妥協を生活に押し付けてきます。

技術は人間の価値観の前提条件になります。他のさまざまなものがこの前提から生み出されます。たとえば、そうした技術の一つである文字が使われている世界では、文字が読めないことは知識がないのと同じです。文字によって書かれた法律は、神の言葉と同じようなものです。また、コンピューター技術によって定義される世界では、速度と効率が重要な価値になっています。このような進歩した技術の受け入れを拒否することは、社会的な決まりごとを拒否するのと同じです。技術を拒んでいる人は病弱かつ無力で頑固な人間でありたいと言っているようなものです。

57 脳をクラウドに移す？

人間は問題そのものではありません。人間が問題を解決するのです。シリコンバレーにあるハイテク企業の多くの開発者や投資家にとっては、人間はお手本にしたり尊敬したりする存在ではなく、乗り越えるべき、あるいは、改造して作り直すべきものなのです。このような技術者たちは、デジタル革命の価値観にとらわれているので、優先順位の考え方が自分とは異なる物や人は、障害物または邪魔者だと思っています。これは、明らかに反人間的な立場です。そして、世界中の大企業の開発方針でもあります。

彼らの考え方によれば、進化とは生物の歴史ではなく情報なのです(原注6)。有史以来、情報は、より複雑になる努力を重ねてきました。原子は分子になり、分子はタンパク質になり、タンパク質は細胞に、生物に、そしてついに人間になりました。各段階で、情報を保存したり表現したりする能力が飛躍的に向上しました。

今では、人間はコンピューターやネットワークを作り出しました。人間は、自分たちよりも複雑になる能力を持ったものを作ってしまったという事実を受け入れなければなりません。こんなふうに考えられるかもしれません。より高い次元へ進もうとする情報の旅は、生物や人間からシリコンやコンピューターへ受け継がれなければならない……。そしてそれが起こったとき、すなわちデジタルネットワークが現実世界の最も複雑な情報の構造体になったとき、人間は、コンピューターを動かし続けるためだけに必要なものになる……。そして、私たちの後継者であるコンピューターが自分で動けるようになったとき、人間は画面から退場する……。

これがそれを過ぎると状況を一変させてしまう「特異点」の本当の意味です。それは、コンピューターによって、人間が不要なものとされる瞬間なのです。その時点で、人間は厳しい選択を迫られます。デジタルの上役についていくために、コンピューターチップ、ナノテクノロジー、遺伝子工学を使って自分自身を強化するか、あるいは、自分の脳の内容をネットワークにデータとして移す（アップロード）か、という選択です（原注7）。

もし強化を選んだとすれば、「人間とは動く標的である」ということを受け入れなければなりません。つまり、企業にとっては人間の身体がビジネスの対象になるということです。とすると、これらの強化ツールを提供している企業が、信頼できるパートナーであると信じなければなりません。彼らが私たちの身体に取り付けた機器を遠隔から変更しない、サービス条件を変更しない、他社の強化ツールや生産中止品との互換性がなくなるような設計をしない、ということを信じなければなりません。しかし現在の技術系企業がしてきたことを考えると、それはあまり確実ではありません。また、新しい技術には全てそれに伴う誰かの意図があることを認めるとすれば、私たちは何かを取り入れる際にそのアフォーダンス（環境に埋め込まれた意味）も受け入れなければなりません。現在の環境においては、それは他人の価値を搾り取って成長することを基礎とする資本主義を人間の血液や神経系に埋め込む結果になります。

もし脳をネットワークにアップロードすることを選んだとすれば、私たちの意識が身体からネットワークへ移行して、何らかの形で存続することができるということを信じなければなりません。このようにして寿命を延長することとは、魅力的な提案です。脳と同程度の能力があるコンピューターを作って、私たちの意識を（それを識別できるとしての話ですが）そのコンピューターに転送するのです。最終的には、私たちの意識が移植されたコンピューターは、ロボットの内部に装着されるでしょう。新しい永遠の生命を手に入れた状態で歩き回りたいのであれば、そのロボットは、人間に似た形にすることもできます。実際には、これは当たる見込みの低い大穴狙いの賭けですが、永遠を手に入れるチャンスではあります。

意識が身体と共に死んだとしても、技術者が私たちの人格や考え方をＡＩにコピーする方法を発明してくれるだろうと期待している人たちもいます。そうなった後、私たちのデジタルクローンは、自らの意識を発達させることもできるでしょう。おそらくリアルに生き続けられることよりは劣っているでしょうが、少なくとも、世界のどこかに「あなた」や「私」の代わりになるものがあります。ただし、意識というものは、たくさんの要素の創発的な現象であり、または、コンピューターシミュレーションで再現できるものであるという証拠があるとしてのことですが……。この種の結論を認める唯一の方法は、私たちの現実そのものがコンピューターのシミュレーションだと考えることでしょう（原注８）。これは、シリコンバレーで人気の高い世界観でもあります。

私たちの脳をコンピューターに転送するの

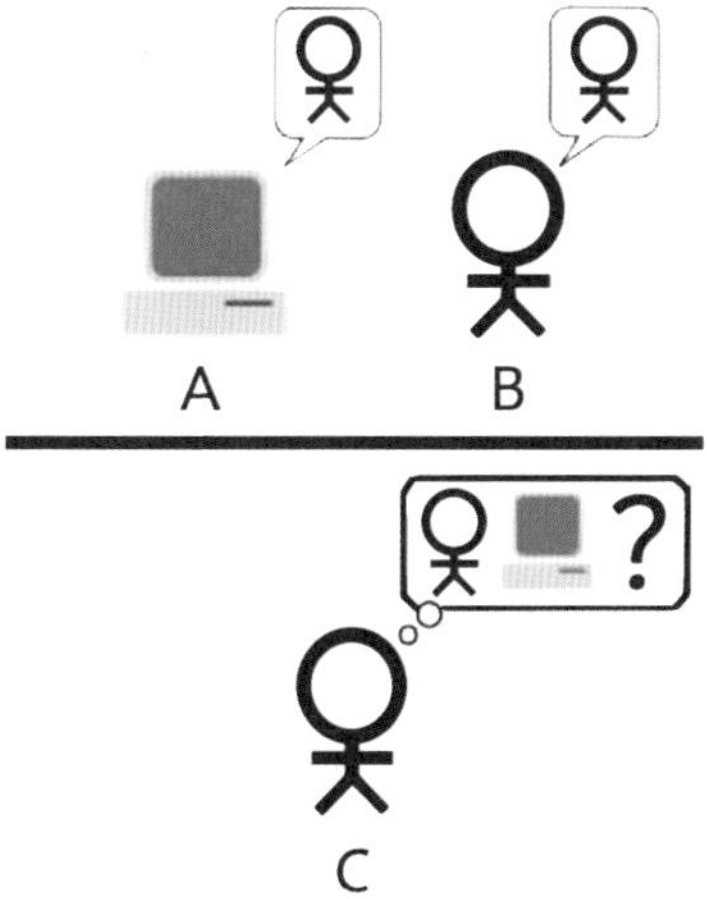

チューリングテスト

質問者Cは、AとBどちらがコンピューターでどちらが人間か回答しなければならない。機械が「人間的」かどうかを判定するテスト。

か、あるいは神経細胞を一つずつ、デジタル的に強化された脳に置き換えていくのか。いずれにしても、その結果として得られる存在が「生きている」とか「意識がある」とかということは、どうすれば分かるのでしょうか。有名な「チューリングテスト」は、コンピューターを「これは人間である」と私たち人間が思うかどうか、という判断です（原注9）。本当に人間である、あるいは意識がある、という意味ではありません。

コンピューターがチューリングテストに合格する日が来たとしても、それは、コンピューターと人間との違いを人間が認識できなくなったということであって、コンピューターが賢くなったためとは限らないのです。

58 人間の意識とは何か

人工知能は、生きていません。

人工知能は、進化しません。計算を繰り返しながら最適化を行いますが、それは進化ではありません。進化とは、特定の環境におけるランダムな突然変異です。これに対して、機械学習は、あらかじめプログラムされた特定の目標に向かって進みます。複雑ではありますが、進化や気候、海洋、自然のようにさまざまな要素が絡み合った複合的なものではありません。たとえば、都市にあるたくさんの交通信号は、ただの複雑なシステムであり、一方的に信号から行動が指示されます。これに対して、複合的なシステムとは、たとえば、多数の自動車のお互いの動きによって自発的な流れが生み出されているロータリー型の交差点のようなものです。機械には多数の複雑な部品やプロセスがありますが、そこから、生命のような、より高い次元の複合性が発生することはありません。

コンピューターが行うことについて、人間の神経に関連しそうな言葉の表現がどれだけ作られたとしても、それは意識に向かって進歩しているわけではありません。コンピューターの生命を夢見る人々は、「ファジー論理(あいまい論理)」のような言葉をもてはやしています。そう聞くと、プログラミングのテクニックによって、機械が人間の直感に近いものを思い付くかのように見えます。ファジー論理とは、1または0以外の数値を考慮することができるプログラムであって、最後にはそれを1または0として表現するものです。それだけのことです。ファジー論理は、不確実性という意味では本当にはあいまいではありません。現実のあいまいさや複雑さを減少させて、コンピューターが扱える単純な1か0かという情報に落とし込んでいるだけです。

同様に、ニューラルネット(訳注 脳機能に似た数理的モデル)も人間の脳とは異なっています。それは、何百または何千もの例を供給されて、物事のやり方を学習する多層的な処理にすぎません。ニューラルネットでは、コンピューターにこれが猫だと教える代わりに、他のものと区別できる共通の特徴が判明するまで、たくさんの写真を与えているだけです。人間の脳は、たった一つの例を見ただけで「猫」という分類を一般化できます。どうしてそれができるのか、はっきりとはわかりません。

人間の思考とは何かを厳密に定義できないからと言って、自分で考えて行動する人間がマイナス要素だと考えてはいけません。人間の知能は計算することだけではありません(原注10)。現実が情報だけではないのと同じことです。知能とは、脳の素晴らしい能力であり、また、現実というものには、極めて大量のデータが蓄積されています。しかし、いずれも、それを解釈する人間の意識があるからこそ存在するものです。人間の意識を単なる処理能力に格下げしてはいけません。それは、人間の身体が重量挙げのために存在すると言っているのと同じようなものです。人間の計算能力はスーパーコンピューターの計算能力にはかないません。人間はクレーンのように重い物を持ち上げることができません。しかし、人間は、便利な道具よりも価値があります。技術を利用することによって、あるいは技術に取り換えてしまうことによって、人間の仕事の数値を高めようとすることは、それ以外のより重要な価値を置き去りにしてしまいます。最も重要な価値は、人間の意識そのものです。

現在知られている限りでは、意識は、脳の最も小さい構造である微小管（細胞内にある管状のタンパク質）と呼ばれる部分の、量子的な（極めて小さくて物理的な量を計算できない）状態に基づくものです（原注11）。微小管が何億個もあって、その一つ一つに振動する活性部位が多く存在するので、今まで作られたコンピューターチップを全て束ねても一人の人間の脳にはかなわないでしょう。

意識は単純なものであって、機械で複製できると考えているのは、コンピューター開発者だけです。本物の神経科学者は、たくさんのニューロンによって発生する人間の自己認識の不確実さを戸惑いながら楽しんでいます。それは、矛盾に満ちていて人を混乱させるものです。

混乱するからといって私たちは、すぐに意識を捨て去ることはできません。意識とは、生存本能を働かせるために人間の脳でＤＮＡが生み出す幻想ではないのです。私たちはシミュレーションの世界に生きているのではありません。私たちの意識は現実です。物理学者でさえも、客観的な現実よりも意識のほうが存在価値のあるものだと認めています。量子論では、客観的な現実は、人間がそれを観察して初めて存在すると言われています。すなわち、世界とは、誰かの意識がその場所にやって来て何らかの方法でそれを見るまでは、さまざまな可能性の集まったものなのです。観察したときに、その多くの可能性が一つに凝縮して、「現実」と呼ばれるものになります。

意識がどこで生まれるのかを見つけようとすることは、宇宙で最小の粒子を探すことに少し似ています。それは知能の働き方を考えることよりも、科学的な発見に近いものです。最終的な原因だと思われるもの（たとえば遺伝子）を見つけたと思っていると、実は、それは別の何かが働いた結果として発生するものであり、つまり、その先にまだ原因があることが見つかります。ある病気の原因となる病原菌を見つけたと思っていると、すぐにその病原菌が繁殖する環境要因が発見されたり、あるいは、何かの免疫不全によって有益なバクテリアが病原体に変わることが発見されたりします。このように、科学的な発見は、なかなか終わりにたどり着きません。意識を解明するためには、考察によってだけではなく、私たちが生活しているこの世界、および世界を共有している他の人々、その両方を直接に経験すること、そしてそれへの畏敬の念が必要です（原注12）。

私たちが意識の存在を知っているのは、意識とはどのようなものかを分かっているからです（原注13）。動物やコンピューターと同じように、私たちは、台所のテーブルの上にコーヒーの入ったカップがあるのを見ることができます。しかし、それと同時に人間は、「テーブルの上にコーヒーの入ったカップがあるのを見る」とはどういうことであるかを知っています。カップを見る、カップに注目するという選択は、意識に特有のものです。コンピューターにはそれができません。コンピューターにできるのは、単に視野にあるもの全てを見ることです。コンピューターには注目や集中がありません。方向性がありません。

そして、カップを見るとはどういうことかを知っていると、知能や自我の構造を考えることができます。それができるのは人間だけです。だからこそ、私たちは生きているのであり、コンピューターは生きているとは言えないのです。

【8章原注】

1 Eric Limer, “My Brief and Curious Life as a Mechanical Turk,” Gizmodo, October 28, 2014.

2 John Culkin, “A Schoolman’s Guide to Marshall McLuhan,” Saturday Review, March 18, 1967.
日本語訳　ジョン・カルキン著「マクルーハン理論とはなにか」　マーシャル マクルーハン著『マクルーハン理論』(平凡社、2003年)所収

3 Ellora Thadaney Israni, “When an Algorithm Helps Send You to Prison,” New York Times, October 26, 2017.

4 Ian Sample, “AI Watchdog Needed to Regulate Automated Decision-Making, Say Experts,” Guardian, January 27, 2017.
Sandra Wachter, Brent Mittelstadt, and Luciano Floridi, “Why a Right to Explanation of Automated Decision-Making Does Not Exist in the General Data Protection Regulation,” SSRN, January 24, 2017.

5 Antonio Regalado, “Q&A with Futurist Martine Rothblatt,” MIT Technology Review, October 20, 2014.

6 Ray Kurzweil, The Age of Spiritual Machines: When Computers Exceed Human Intelligence (London: Penguin, 2000).

7 Future of Life Institute, “Beneficial AI 2017,” https://futureoflife.org/bai-2017/.

8 Clara Moskowitz, “Are We Living in a Computer Simulation?” Scientific American, April 7, 2016.

9 Alan Turing, “Computing Machinery and Intelligence,” Mind 59, no. 236 (October 1950).

10 Andrew Smart, Beyond Zero and One: Machines, Psychedelics and Consciousness (New York: OR Books, 2009).

11 Roger Penrose and Stuart Hameroff, "Consciousness in the universe: A review of the 'Orch OR' theory," Physics of Life Review 11, no. 1 (March 2014).

12 Merrelyn Emery, "The Current Version of Emery's Open Systems Theory," Systemic Practice and Action Research 13, no. 5 (2000).

13 Thomas Nagel, Moral Questions (Cambridge, UK: Cambridge University Press, 1991).

9章　パラドックスから畏敬の念へ

――あいまいさの受容

59 コンピューターにできないこと

犬が何かを見たときに、それを理解できなくて困っていることがあります。頭を少し傾けて、その現象を別の角度から見ようとしているかのようです。こんな状況は、犬にとっては問題なのかもしれませんが、人間から見ればとてもかわいいものです。同じように人間にとっても一時的に混乱した状態というのは、不満の原因となる場合もありますが、また何かのきっかけを与えてくれるものでもあります。

チームヒューマンは、あいまいさに寛容であり、あいまいさを進んで受け入れる能力があります。あいまいさは、私たちの思考や行動を混乱させて邪魔をする一方で、人間の最大の強みでもあります。うんざりするほど正確な機械的な論理から身を守る手段でもあります。

私たちはデジタルの時代に生きていて、クリックすれば明確な答えが出てくるようになっています。あらゆる疑問は、1回のウェブ検索で解決するように見えます。しかし、それは、コンピューターが持っている確実性を誤解してまねしようとしているのです。コンピューターが明確な答えを出すのは、そうすることしかできないからです。コンピューターの仕事は、質問に答えること、入力を出力に変換すること、1か0を選択することです。画像の解像度が高くなっても同じです。ピクセルがこちらにあるか、あちらにあるか。色がこの青なのか、あの青なのか。音がこの周波数なのか、あの周波数なのか。コンピューターには、中間の状態はありません（原注1）。あいまいさは許されません。

しかし、このあいまいさ、そしてそれを受け入れる能力こそが、人間が備えている特徴なのです。神は存在するか。人間には生まれながらの目的があるのか。愛は現実であるか。このような質問は、イエスかノーかで答えられる単純なものではありません。イエスでもありノーでもある、という種類の質問です。メビウスの帯、あるいは禅僧が弟子に与える公案のように、複数の視点や感覚を備えていなければその問いを扱うことができません。人間の脳には二つの半球があります。人間は両方の脳を使って、私たちが現実だと考えている、複数の次元を持つ状態を作り出しています。

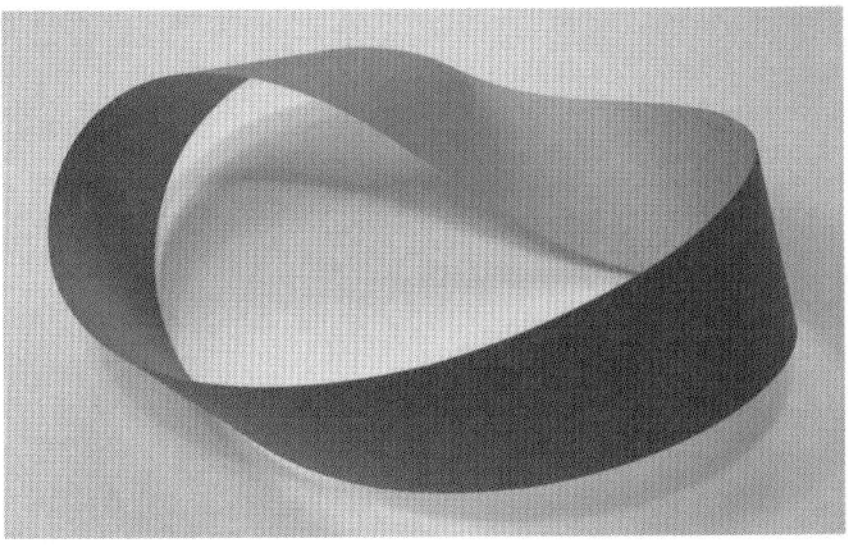

メビウスの帯

細長い帯を1回ねじって両端をはり合わせたとき、表裏の区別ができない連続面となる図形。ドイツの数学者アウグスト＝メビウスが考案。 David Benbennick/CC BY-SA 3.0

さらに言えば、脳が情報を捉えて記憶する方法は、コンピューターと同じではありません。脳はハードディスクではありません。私たちが経験したことと脳の中にあるデータとは、一対一に対応しているわけではありません。脳の認識は受動的ではなく能動的です。だからこそ、実際には起こっていないことが、経験や記憶として残っています。人間の目は平面的な断片を取り込みますが、脳がそれを立体的な画像に変換します。さらに、人間は抽象的で一般的な概念を捉えて、そこから具体的な物体や状況を組み立てて認識します。消防車を見るとき、関連する細部を全部集めて消防車を構成しているのではありません。消防車というものに注目しているときには、仮にその消防車をゴリラが運転していたとしても気がつかないでしょう。

「ものを見るとはどういうことか」を理解するためには、ものごとを認識するとき、そのものごとに人間が関わっていることに気付かなければなりません。私たちは、通常はそれをあまり気にしていません。イエスかノーかでは答えられない状況に直面したとき、知覚した情報の解釈に人間が関わっていることが分かります。このような混乱した状況では、人間は現実を客観的に観察しているのではなく、構築しているのであり、その複雑さを経験しています。

それは、コンピューターには習得できないことが、人間ならできる理由でもあります。たとえば、矛盾を理解する、皮肉を深く理解する、冗談を解釈する、というようなことです。これらの行動は、神経科学者が「関連性理論」と呼んでいるものに関係があります。私たちは、ものごとの全体を捉えたり伝えたりしているわけではなく、不足している情報を文脈に基づいて補いながら考えています。互いに断片的な情報をやりとりしながら、この世界について知っていることを使って、自分でメッセージ全体を改めて作り直しているのです。たとえば冗談はこのようにして相手に届けられるので、受け取った後、頭の中である程度の組み立て作業をする必要があります。意味を読み取った瞬間、すなわち自分で組み立てができたときには、意味を自分で作り出したという喜びがあります。「おやまあ！」という驚きと「あっ、分かった！」という理解は、非常に近い関係にあるのです。

コンピューターは、これができません。ソーシャルメディアのメッセージがそれがイエスかノーかを認識することだけはできますが、それがたとえば皮肉であった場合、表面上の言葉と、奥に込められた意味の生き生きとした差を理解できません。コンピューターは、原始的な爬虫類の脳に近い形で動作しています。最前面にある動きの速い物体の把握、および表面的な理解を対象にしています。「ハエがいる、そのハエを食べろ」というような行動です。人間の脳にはその他にも対象を把握するだけではない脳の部位があって、ある出来事について、より広い空間的、時間的、論理的文脈を考慮することができます。目の前にハエがいるときに、「窓が閉まっているのに、あのハエはどのようにしてこの部屋に入ってきたのだろう」と考えることがあるように。

人間は、先にも述べた図形と背景（62ページ参照）を区別するだけではなく、関連付けて考えることができます。その両方を把握して、それぞれの力の差や、両者の間に働く力を感じることができます。「ここにハエがいるのは場違いだ」というふうにも考えられます。映画のピント送りのようにして、ものごとをその文脈と比べたり、違いを見つけたりできます。つまり、私たちは、部分と全体、個別と集団、個人とチームの関係を考えることができます。

60 エンターテインメントの答え

最高の芸術は、人間に本来の人間らしさをもたらすという面があります。芸術は、あいまいさを受け入れる人間の能力、すなわち、この持続的な未解決の状態を楽しいものとして、あるいは少なくとも有意義なものとして受け入れる能力を必要とします。

これに対して商業的エンターテインメントは、逆の目的を持っています。英語の「エンターテイン（entertain）」は、「中で持つ」という意味のラテン語に由来するもので、「保持する」とか「ある状態を維持する」というのが元の意味です。エンターテインメントの目的は、今の私たちが生活している現状の価値観を正当化し、大量消費主義を強化することであり、そして最も重要な目的は、この世界に確実なものが存在する、と私たちを安心させることです。私たちは、推理小説の犯人探しをするだけではないのです。

私たちがよく経験するエンターテインメントでは、大きな問題に対して決定的な答えが存在し、状況が悪化したときに非難される悪人が存在し、悪が裁きを受けることになっています。この種の筋書きでは、私たちが好きな（たいていは若い男の）登場人物が危険な状態に陥り、もうダメだというほど危険度が増大したところで、敵をやっつけるために必要な解決策を手に入れて勝利します。この時点で、私たちは全員ホッとして胸をなでおろします。これは、危機～クライマックス～平穏という決まりきった男の成長物語です。

この緊張と緩和、複雑化と救済という話は、私たちの文化の大勢を占めるようになり、エンターテインメントだけでなく、ビジネス、宗教、さらには人生においても使われています。企業家は、永く続くことによって成功する企業を作るのではなく、誰かにその企業を買ってもらうために「ホームラン」を狙います。宗教の信者は、天地創造や倫理について探求するためではなく、自分自身の救いや現世での利益を保証してもらうために宗教に頼っています。私たちは、人生を勝ち負けがあるボードゲームのように遊んでいて、何らかの職業、結婚、社会的地位がゲームの「ゴール」だと思っています。

私たちは、あらゆる問題には必ず答えがある、始まったものには必ず終わりがあると考えるように訓練されてきました。結末や解決を求めてイライラしたり、分かりやすい答えがすぐに見つからない場合には落ち込んだりしています。それが資本主義や大量消費主義を加速させます。株式市場であと1回だけ勝利すれば、あるいは商品をあと1回だけ購入すれば、自分が成功できると思っている人たちは、資本主義にうまい具合に利用されてしまっています。国家にとっても同様です。たとえば、10年以内に人間を月に立たせる、あるいは、どこかの国と戦争を始める、というような目標が良い動機付けになります。

しかし、長期にわたってこじれている問題を解決しようと思っても、うまくいきません。気候変動、難民問題、テロリズムについて手軽な解決策はありません。どうすればその問題が終わったと言えるのでしょうか。降参するための白旗は存在しないのです。降伏の条件もありません。答えのない問題に社会が立ち向かうためには、より自由に対応する方法が必要です。クライマックスを求めようとする人間の特性ではなく、人生のように、解決できない状況に対応する人間の能力を利用するべきです。

そのためには、生身の人間が必要です。

61 あいまいさを避けようとする私たち

人間性を重んじる芸術や文化は、うまくでき過ぎた話を警戒します。そして、明らかな勝利やはっきりした敵が存在しない、すなわちイエスかノーかという答えのない物語を生み出します。全員が正しくもあり、間違ってもいるという状況です。その作品は疑問に答えるのではなく、疑問を投げ掛けています。

その例として、シェイクスピアの悲喜劇があります。登場人物が見たところ動機のない行動をとるので、安易な筋書きの分析ができません。カンディンスキーやドローネーの抽象画もそうです。現実世界の見え方の基準とは異なっています。その絵は形を表していますが、何かの「ようなもの」でしかありません。作品の本当の主題は、その絵にうまく合致するものを見つけようと努力している鑑賞者の知性です。この過程は、人間の脳が現実世界で目の前にある何かを特定しようとする方法と同じです。脳は、バラバラの細部を知覚して、それを組み合わせることによってものを認識します。芸術は、「これはリンゴだ！」というような明確な表現を提示する代わりに、物を見て認識する過程を引き伸ばすことによって、人間の知覚という不思議な現象を楽しめるようにしています。

デイヴィッド・リンチの映画やテレビドラマを見たときにも、同様の手ごたえを感じます。その映画では、登場人物が床を掃除している、あるいは、たばこを吸っているだけの状況を5分以上撮影し続けることがあります。リンチは、私たちが従来の物語に期待しているものを与えてくれません。そのようなシーンは、何か他のもの、たとえばそのシーンにいる人間の行動、退屈さから生まれる動き、登場人物と周囲の世界との関係などをゆっくりと見るように仕向けているのです。リンチは、観客が緊張と緩和のダイナミズムを通じて、ハラハラドキ

カンディンスキー

抽象絵画の創始者とされる。1910年に最初の抽象画を手掛け、絵画表現の歴史の新たな一歩を記している。《コンポジションVIII》は、ワシリー・カンディンスキーが30年ほどかけて取り組んだ10枚の《コンポジション》シリーズの中の一作品である。

ドローネー

《エッフェル塔》(1911年)。ピエト・モンドリアンとともに抽象絵画の先駆者の一人であり、フランス人の画家としてはもっとも早い時期に完全な抽象絵画を描いた人物の一人である。

ドキと映画を見ることを意図的に拒んでいます。リンチの映画に出てくるさまざまな悪事や犯罪は、つじつまが合わないものです。それは、つじつまが合った物語を意図していないからです。

小説家のゼイディー・スミスによれば、作家の仕事は「誰かが何かについて感じたことを読者に知らせるのではなく、世界がどのように動いているかを知らせることだ」ということです。このような作品は、主人公とその英雄的な物語に焦点を置くのではなく、主人公＝図形と、世界＝背景との関係を重視します。そうすることによって、状況を経験して意味を理解するという人間独自の能力に力を与え、肯定しているのです。

このような方法による映画監督、芸術家、小説家の作品は、完全にカウンターカルチャー的です。だからこそ、従来の物語や、英雄的または個人的な価値観に疑問を投げ掛けることになります。ゆっくり進もうとか、立ち止まって考えようと鑑賞者に求めるような芸術作品は、無意識で急速な行動を求めている市場には適していません。映画学校では、筋書きのない映画を教えません。撮影所はそんな映画を製作しません。また、観客も評価しません。劣悪で的外れなものだと言われます。しかし、それが本当に人間的で価値のあるものならば、もっと興行成績が良くなるべきではありませんか。

中心人物がいて、緊張が高まって、次に満足感のある解決が来るような商業的作品は、不確実さ、退屈さ、あいまいさを避けようとする私たちの感情に働きかけることによって成功しています。それは、この社会を動かしている市場の価値観によって生まれる感情です。さらに、私たちは、不確実性が不安と同じようなものと考えています。私たちは、解決と完結を強く求めています。したがって、クライマックスがなくて示唆に富んだ芸術的映画ではなく、あいまいさのない明解な結末のある大ヒット作品のチケットがよく売れるのです。これは、私たちがあいまいさを避けることに慣らされてしまっているからです。エンターテインメントは現実の世界は自らが参加することで変化し、私たちが関わるものだ、ということを否定しているからです。

62 エンターテインメントと芸術

デジタルメディアとテレビゲームの発展によって、商業的エンターテインメントの制作者も、従来の物語とは異なった作品の特徴を取り込むようになりました。しかし、観客に本当のあいまいさを感じさせることはありませんでした。

たとえば、評判の高い映画やテレビドラマは、一時的な混乱を物語に織り込むという方法で時間の流れにいたずらを仕掛けます。最初に私たちは、そんな映画が時間の順序を入れ替えたもの、または複数の時間軸で進むものであるとは知らされていません。混乱するので、進行中のシリーズを見ているファンは、ネットに接続してあらすじを読んだり、ファン同士で「実際に」何が起こっているかを確かめたりします。しかし、シリーズが終わるまでに、それが解決します。これに対して、現実の世界には、議論の余地のない時間が一つ流れているだけです。私たちは、つじつまが合わないことが起きても、自分で組み立てて理解しなければなりません。現実の世界ではあらすじを読むことはできないのです。パズルのピースが全て組み立てられて完成するのは、物語が本当に終わるときです。

現在の消費におけるサブスクリプションモデルを考えてみましょう。自動車のリースとか、月払いの音楽サービスのようなものなどです。長く続く有名テレビシリーズの物語では、映画的な爆発が最後に一回だけ起こるのではなく、クライマックスが何年にもわたって分散しています。これは謎と「ネタ明かし」によって、視聴者やネット上の興味をひきつけます。数週間ごとに、今まであいまいだった物語の要素が解き明かされていきます。主人公と敵役が同一人物の二重人格だった、ロボットが経験したのは10年前のことだった、乗組員たちはアンドロイドだった、などなど。

「ネタ明かし」は、誰か他の人の鑑賞の楽しみを台無しにしないように、大切に守られなければなりません。それは作品における地雷のようなもので、一度明かしてしまうと使えなくなります。私たちは、他人の楽しみの価値を守るために、秘密を守る義務があります。商業的エンターテインメントのマニアは、関連するウェブサイトやファンフォーラムを全て訪問し、また公式小説を全て読むことによって秘密を知っています。そのようなマニアは、あらゆる関連のグッズを買っているので、全ての答えを知っています。カードゲームで、強力なモンスターのチームを作ろうと、新しい高価なパックを買い続けているのと同じように、テレビドラマをマスターするのに必要なものは、労力と資金なのです。

全ての「ネタ明かし」が明らかになってストーリーの伏線が回収されると、マニアは、全体として実際に何が起こっているかを知った上で初期の回をもう一度視聴します。今度は、いまわしいあいまいさがありません。視聴者は全てを知っていて全てが自分の支配下にある状態で、物語をもう一度経験することができます。全てを知っていることが知性の望ましい状態であるかのようです。実際には、人間の意識の根源となっているはずのあいまいさを完全に否定するものなのですが……。

伏線を回収せずに未解決の事柄が残ったままになるのは、番組の欠陥だと言われてしまいます。その欠点は、マニアが一貫性のある物語として解釈することを妨げます。未解決の事柄は新しい謎への出発点ではなくて、ストーリーの欠陥、設定ミス、制作者の失敗だとみなされてしまうのです。商業的エンターテインメントでは、観客の払った金額に見合うものを提供することが目的ですから、物語の作者へ忠誠を尽くすファンに対しては、完全な物語の解決というご褒美がなければならないのです。一方、これと同じような考えがこの種のエンターテインメントを動かしていて、今までにないほど高いフレームレート（訳注　動画における1秒間の静止画の数）やたくさんの画素数へと進んでいます。より鮮明で大きな画像が良いものだと言っているかのようです。私たちはこのような状況を望んでいるのでしょうか。物語の意味は私たちが解釈するべきものです。そのために私たちはお金を払っているのです。

伏線が未解決になっている状態は、時代遅れのハリウッド的なスタイルにこだわるエンターテインメントだけではありません。「社会の秩序」という時代遅れの物語にとっても有害となる恐れがあります。高価な商品の購入、職場での昇進、自慢のパートナー、大金を得ることなどが重要なご褒美となっている、上昇志向の文化が脅かされてしまいます。

伏線は芸術とエンターテインメントとを区別するものです。人間性のある優れた芸術は、伏線とその回収を使い

市民ケーンのポスター

1984年ボイジャーが米国西海岸に創業、初めて出版したレーザーディスク『市民ケーン』のプロモーションに利用したポスター。公開50周年の映画再公開時に作られたものの転用だった。

ません。ピカソの絵に、あるいはジェイムズ・ジョイスの小説に伏線やネタ明かしがあるでしょうか。たとえばオーソン・ウエルズ監督の『市民ケーン』のように古典的な構成の芸術的映画がもたらす衝撃は、その驚くべき結末を知っていたとしても、色あせることはありません。名作は、作品の見返りとして「答え」を与えるのではなく、新しい謎を示してくれるものです。その謎に対する答えは、観客が自らの意思で作品を解釈することによって、観客全体が生み出します。

芸術は、私たちに新しい方法や可能性を提案して、新しい考え方を生み出します。多くの場合、奇妙で不快な心理状態を生み出すこともあります。芸術は、眠りへ導くのではなく目覚めをもたらし、忘れ去られようとしている人間らしさを改めて体験させてくれます。見つからない「答え」は、直接には与えられず、すぐに見えるものではなく、あるいはコンピューターで処理できるものではありません。しかし、その要素が判明して理解できて解決する最後の瞬間に、そこに「答え」が存在しているのです。

それは生きていて、矛盾をはらんだ逆説的なものであり、チームヒューマンだけが扱うことができます。

63「不気味の谷」

人間は矛盾や逆説に魅力を感じますが、市場主導型の技術やエンターテインメントは、完全で矛盾のないシミュレーションを生み出すことにこだわっているようです。

映画やアニメ、テレビゲームを見ると、その映像の質から判断して、制作された年代を言い当てることができます。煙や霧を表現できるようになった年、撮影時に反射させた照明を使うようになった年、動物の毛が風になびく様子を表現できるようになった年というように。また、ロボットの進歩も、言葉を話す、物体をつかむ、相手の目をのぞきこむ、人工の身体をまとう、といった目安になる技術の段階によって測ることができます。これらの映像は究極のシミュレーションという域に到達しています。今や映画や仮想現実やロボットは、現実世界と区別がつかないほどリアルになっています。

しかし、幸か不幸か、それは決して達成できないことを追求しているのです。デジタルシミュレーションが向上すればするほど、シミュレーションと現実世界とを区別しようとする人間の能力が高くなります。人間は、アニメの技術によって制作年代を当てることができるように、シミュレーション開発よりも速く自分の知覚器官を発達させようとして、技術系企業と競争しています。

アニメーターやロボット開発者にとって最も難しいのは、生きている人間をシミュレーションすることです。作り物の身体が現実に近づいてきて（原注2）、完全にだますほど似ていないけれど何が違うのかうまく言えない、というような状況では、私たちは「不気味の谷」と呼ばれる不安な状態に陥ります。ロボット開発者は1970年代初頭にこの現象に気付いていました（原注3）。これに対して映画製作者が初めてこの問題に遭遇したのは、1980年代後半、人間の赤ん坊をコンピューターのアニメーションで描いた短い映画において、試写を見た観客が不快感や怒りを覚えたときでした。そのせいで、映画のデジタルアニメーションでは、生き物ではないおもちゃ、ロボット、自動車などを対象とすることが多くなっているのです。このような物体には「不気味の谷」がないので、もっともらしく描写することができます。

人は「不気味の谷」では、精神的に混乱します。人間は、何万年にもわたって、現実世界での顔の微妙な特徴を読み取って、それに対応するように神経系を微調整してきました。相手の感情が大きく動くと、誰かの目に微笑の気配が現れるとか、頬からひたいにかけて顔色が変わるという様子に気付きます。そして、少なくとも無意識のうちに、このような生体の変化のサインがないことも認識できますから、シミュレーションを見ると、生命がないものを相手にしていると感じられて不快な気分になるのです。

現実の世界でも、偽物によってこれと同じような感覚が発生します。郊外で車を走らせているときに、見せかけのコロニアル様式の柱を備え、馬をつなぐ輪が入り口に付いている田園風邸宅を見て感じる感覚です。あるいは、本物らしい外観だけのラスベガスのビル群やディズニーワールドのメインストリートも同様です。自分の筋書きどおりに話を進めようとするセールスマンの相手をするときに感じることでもあります。

消費文化において、私たちは自分の本来の姿とは異なる役割を演じるように強いられています。ある意味では、この消費文化の全ては、そのような幻想を保つために、次々と商品を購入させるシミュレーションであるとも言えます。私たちは、何かものを買うとき、コスプレするように面白半分でそうしているのではなく、いわゆる自己実現を目指すライフスタイルとして本気で選択しているのです。身体、表情や言葉でコミュニケーションする代わりに、商品の購入、住宅の外観、銀行口座の数字を使ってコミュニケーションしています。このような製品や社会的指標は、自分自身の分身、つまりアバターと同じような役割を果たしています。それは現実の生活よりもゲームの世界みたいなものです。

「不気味の谷」は、自分自身の経験から得られる違和感です。自分は人生においてどのような役割を演じることになっていたのでしょうか。間違った役を割り当てられていた、あるいはそもそも間違った劇に出演していた、という過去の経験に気付けば、その違和感が頼りになるでしょう。その経験が私たちの信じていた幻想と、現実との間にはギャップがある、何かがおかしい、と警告を発します。これは仕組まれたものだ、と身体の内部にある深い感覚が私たちに語りかけます。これは「わな」かもしれません。私たちは、歓迎するとだまされて敵の陣地に入ってやっつけられてしまうネアンデルタール人ではないとしても、人間の進化が予期できなかった高度な計略の標的になっているのです。

それが仮想現実であっても、豪華そうなショッピングモールでも、また、演じさせられている社会的役割であっても、見かけだけの模造品に不安を感じることから目をそらしたり、忘れたふりをしたり、治療したりするべきではありません。むしろ感じた不安を積極的に表現するべきです。このような状況で不安や不快を感じることには、正当な理由があるのです。人間の価値と偽の偶像とを区別することの大切さは、多くの宗教で説かれており、社会正義の始まりでもあります。

「不気味の谷」を感じることは、私たちの味方なのです。

64「変わった人」になる

このシミュレーションから抜け出す最も簡単な方法は、見せかけの茶番を見破って（原注4）、ゲームのルールに従うのをやめることです。

ただし、ズルはダメです。違法なインサイダー取引や能力強化薬物に頼ることは、勝つために、人間がどこまで行ってしまうかを明らかにしています。いずれにしても、そのような不正行為は危険度を高めるとともにゲームのシミュレーションの度合いを強めてしまうことになります。

ゲームを完全に超越するとは、他人の楽しみに水を差す人になるということです。そんなゲームの場、参加のルール、あるいは勝利の意味を認めない人になるのです（勝利って何ですか？　要するにゲームが終わったというだけのことでしょう？）。ある非西洋文化では、水を差す人はシャーマンであり、ものごとの大きなパターンやつながりが見えるようにするために、彼は人々から離れて生活することが多いのです。成功が職業上の業績で測られる世界では、水を差す人は、社会を良くするために商業的な見返りを求めません。ソーシャルメディアの「いいね」の数が人気度の基準である中学校では、水を差す人は、アプリを削除したりスマホを持たないと決めた生徒でしょう。水を差す人は、ゲームの論理からすれば意味がない行動をとる人です。

そんな変わった行動は、慣習に異議を唱え、一体感を利用した陰謀を阻止し、アルゴリズムを混乱させます。もはや社会統制の手段となっているＡＩは、分類不可能なものに対応できないからです。奇抜さは力になります。偽りの二者択一が否定され、全てにわたって可能性が広がります。突飛な言動によって、突然変異が発生したり新しいことが生まれる可能性が開けてきます。

私たちは、ユーモアや冗談、音楽やマジックなどを通じて独自の人間性を主張することができます。これらは、いずれも機械や市場には評価できませんし、理解することもできません。たとえばコメディーにおいては、主人公と一体になって、その人が困っているということに思い至る必要があります。音楽は美意識を通じてコミュニケーションを図りますが、美術は人間の自己意識や外の世界との関係に異議を唱えます。舞台上のマジックは、このようにあるはずだという状態と、見えている状態とを対比させて、私たちを混乱させますが（原注５）、20世紀にアレイスター・クロウリーなどが追求した近代的で精神的な「魔術」は、人間の意思と宇宙の働きとの間にある一見あり得ない関係を探求します。

少々変わっていると思われる人がこのように限界を打破するとき、私たちは人間が現実を作り出していることとに気付かされます。現実とは人間の認識によって作られたものです。それが分かれば、押し付けられたプログラムや模造品による実験から逃げることができます。私たちが作る現実のモデルには絶対的な基準はありませんが、そこが重要な点です。私たちは、それぞれ自分自身が作った現実という制約されたトンネルの中にいて、非常に限られた光景を見て生きています。これは人間全員に共通していることです。全体像を解明するための最も良い方法は、より多くの人、より多くの視点を集めて生かすことです。

他人の楽しみに水を差す人は、社会的なサインを発しています。それは、プログラムから抜け出して自分の人間性を取り戻そうとしている他人に呼び掛けるための手段です。

風変わりであれば目立ちます。でも、そこで注意するべきことがあります。慣習にとらわれない行動は、すぐに見つけられて、まねされ、商品化された個性として私たちに売り付けられるようになります。だからこそ、本当の「変わった人」であるためには、特定のスタイルや「変わった人」であることをアピールするためのラベルを取り入れるだけではいけません。重要なのは、より深いつながりを持つべき人々を見つけることです。変人であるというのは、その大きな目的を達成するための手段にすぎません。

65 恥の感情

1960年代に、あるカウンターカルチャー的な立場の心理学者がバークレーで講演をした後、聴衆から質問を受けました。若い女性が立ち上がって「人と人の深いつながりが重要であること、世界に対して人間全体としての責任があることについては理解できました。でも、次に何をすればいいのか分かりません」と言いました。

これに対して、心理学者は「仲間を見つけよう」と答えました（原注6）。仲間を見つけよう。私たちが人間として十分に機能するために、そして私たちを分断する全ての因習、制度、技術、考え方に反対するために、社会的なつながりを取り戻すのです。直接的には、分断のためのあからさまな手段に反対することです。人種差別主義者のヘイトスピーチ、ゼロサム経済による抑圧、専制的な権力者とネオリベラリズム的なタカ派の戦争へ導こうとする企てを拒否します。しかし、本当は、つながりを作ろうとする際の障害物は、私たちの内部にあり、深く埋め込まれ、悪質になっています。その障害物は、全て「恥」に関係があります。

たとえば、私たちは幼いときから、他人とお金の話をしないようにしつけられています。給料や貯金は、病歴と同じように個人の秘密だと考えられています。なぜでしょうか。この習慣の根源は、昔の農民の地位が向上したことにあります。貧困から解放されて急速に発展する中産階級に対して、貴族階級がこれ以上優位を保つことができないと分かったとき、高貴な家の生まれというような貨幣以外の手段で自分たちの地位を誇示しようとしました。やがて中産階級の服装や室内装飾の趣味についていけなくなると、貴族たちは、飾り立てない質素な美意識を追求しました。何世紀にもわたって続いた華美な生活から逆転して、富を見せびらかすのではなく隠すことが上品だと言われるようになり、この価値観が生まれました。

今日でも、誰かに収入の額を尋ねるのは失礼だと考えられています。収入が少な過ぎて恥ずかしい思いをするかもしれません。あるいは、多過ぎて気が引けるかもしれません。しかし、財産の多さまたは少なさを隠すという社会的な慣習は、お互いのプライドを保っているのではなく、実際にはより上にいる者の支配力を守っているのです。

上司が給料を増やしてくれるとします。ただし、あなたが誰にも言わなければ、という条件があります。もし誰かに話してしまうと、みんなが同じことを要求するでしょう。あなたが秘密を守れば、経営者と共謀していることになります。「キャンディーをあげるから黙っていなさい」と言われた子供と同じ力関係に従っているのです。買収は、「私は利益のために黙ることを選んだ」という「恥」の感情を基本とした絆です。

このような絆を断ち切ることができるのは、買収された被害者が信用できる別の人を見つけたときです。それは、多くの場合、同じ不正を経験したことがある人です。彼らが不正に反対する人々の運動として声をあげたときに、本当の力が現れます。

同じように、労働組合の力は、企業との団体交渉だけではなく、団結によって生じる集団的な知覚能力にあります。つまり、縦の関係よりも横の関係です。労働者同士の雑談による情報交換は、報酬のために労働者に競争させようとする経営者にとっては邪魔なものです。だからこそ、タクシーアプリやインターネットの便利屋呼び出しアプリは、運転手や便利屋同士が自分の経験について会話する機能を備えていないのです。雑談は一体感を生み出し、一体感は不平不満を生み出すからです（原注7）。

宗教、カルト集団、政府、ソーシャルメディアのプラットフォームは、全て同じ戦術を使ってメンバーを管理しています。個人の秘密、性的志向、身元の情報を調べて、次にその情報を使って脅します。多くの映画スターがカルト集団に恩義を受けていたことをなかなか認めようとしないのは、秘密を暴露されるのを恐れているからです。一部のカルト集団では、うそ発見器を使って（原注8）信者の最も個人的な恥ずかしい秘密を聞き出そうとします。このようなことは、昔の教会が告解を利用して裕福な信者を脅したり、貧しい信者を搾り取っていたことの改良版にすぎません(原注9)。

現代社会では、アウトサイダーとみなされた人々に汚名を着せ、差別し、不利な状況に追い込むようになっているので、新しいジェンダー、人種的アイデンティティー、障害を隠さず積極的に行動しようとする人々の壁になっています。

恥には社会的機能があります。基準から外れた人々に恥をかかせることによって、グループの一体感を高め、ルールを守ることを強います。学生寮では、新入生に男らしいバカ騒ぎをさせて恥をかかせます。親切そうな顔をした偽善者は、彼に従う人を恥によって服従させます。もう少し社会に役立つ恥の役割としては、同様の戦術を使って、学校でいじめをやめさせたり、あるいは環境保護主義者が企業を批判したりしています。ところが、ここでの問題は、社会を破壊する人々にとっては、恥の感情が弱みにならないということです。いじめっ子は人を屈服させることを逆に誇りに思っています。企業には恥という感情がありません。

本当に人間的な人だけが、汚名によって恥をかいたと思って傷つけられます。したがって人々の絆を生み出す方法として恥の感情を利用するのは逆効果です。チームヒューマンは、共通の希望や要求、強さや弱さに基づくものであるべきです。恥によって何かを強いるのではなく、開かれた寛大さを受け入れるのです。

インターネットでは情報をオープンにする透明性が求められるので、そこには、恥の文化を解消する可能性、さらには、今まで破れなかった殻を超えた新しい一体的な絆を生み出す可能性があります。市民による強制的な監視や必然的な公開を伴うデジタルカルチャーのおかげで、アメリカのいくつかの州で同性婚や大麻合法化がもたらされたのは偶然ではありません。

その行為によって恥の感情を利用されて黙らされることがなければ、それは正常で普通のことです。

66 畏敬の念を持つ

恥というものを気にしなくなれば、人間であることの満ち足りた、神聖な、しかもあり得ないほどの不思議さを自由に経験できるようになります。個人的なコンピューターシミュレーションという無難な場所から抜け出して、親しい交流という素晴らしい混乱に飛び込む自信が持てます。バーチャルリアリティーの解像度やロボットのリアルな表情に驚くのではなく、そよ風の気配や愛する人の手のぬくもりに対する感覚が働くようになります。

「不気味の谷」による混乱の代わりに、畏敬の念による高揚感を手に入れます。

存在に対して畏敬の念を持つというのは、人間の最高の経験と言えるでしょう。それは自己中心主義のパラドックスを超えた先に存在するものです。自然界の中で意識を持っているのは人間だけだとすれば、自分の観察力が刺激されること以上に人間的なことはありません。山の頂上から壮大な景色を眺める、子供の出産に立ち会う、満天の星を見る、行進や祝賀集会で何千人もの人と一緒に立っている、これらの行動は全て、自分が他人とは異なる特別の存在だという意識を振り払ってくれます。自分が対象を観察する目であり、かつ、見られている全体の一部でもあるという経験ができます。不可能に近いことですが、影響力と受動性、認識と受容が一体となった素晴らしい経験です。

心理学者によれば、畏敬という経験は、自己中心的な感情、ストレス、無関心、孤立感を弱める働きをします。畏敬の念によって存在の意義と目的という感覚が増すとともに(原注10)、自分自身だけではなく人間全体の利益に注目するようになります。また、畏敬の念は、免疫に関係するタンパク質サイトカインを調節し、炎症を抑制します。最近の実験では、畏敬の念を感じた後には、利他的行動、協力、自己犠牲などの行動が見られたということです。これらの科学的な証拠から考えると、畏敬の念によって人間は、自分自身よりも大きなものの一部であると感じ、自己中心的ではなくなって、周囲の人が求めていることを察するようになるはずです。

残念ながら、現代社会において畏敬の念を経験する機会は少なくなっています。キャンプなど自然の中で過ごす時間が減り、夜空は電灯の光で見えにくくなり、芸術や文化に触れる人が減っています。公立学校では芸術の授業や野外活動が次々と廃止されて、一律のテストの準備をするための授業に変えられています。そのテストで学校の価値が評価されるからです。そのテストには畏敬の念を判断する基準はありません。

他の精神状態と同様に、畏敬の念も悪用される可能性があります。映画では、ストーリーの中のある瞬間に、特殊効果や壮大な光景のシーンを使うことによって畏敬の念を利用しています。独裁者は、筋の通った議論ではなく、極めて大規模な集会を開いて支持者を扇動します。ショッピングモールでも、高い天井や巨大な噴水を設けて、ある種の畏敬の念を感じさせようとしています。畏敬の念によって、しばらくの間、感覚が圧倒されて心が広く素直な状態になり、新しい情報を受け入れやすくなります。しかし、一方でこれは心が不正な操作を受けやすいということでもあります。誰かに畏敬の念を悪用されて操られた経験があると、次に同じものを見ても心を開くのは難しくなるでしょう。がっかりすることを避けようとして、無感動で冷笑的になってしまいます。

畏敬の念が悪用されることがあるからと言って、畏敬の念によって人間性を取り戻す可能性を諦めるべきではありません。本物の畏敬の念は、操作された興奮とは異なります。広大なグランドキャニオンを眺めるのと、ナショナリストの大集会で支持者の中にいるのとは違います。作られた畏敬の念は、本当の一体化につながりません。それは私たちを個別の消費者や支持者という形でバラバラにします。私たちは分断されて、それぞれが「親愛なる指導者」との関係を空想するだけになります。本物の畏敬の念には、そのような計略がありません。何らかの目的や計画、あるいは特定の人物に向かうものではありません。時間制限もなく、打ち破るべき敵もありません。いわば「他者」というものがないのです。

本当の畏敬の念は、永遠で、限界がなく、分け隔てられることもありません。その感覚をしっかり保っていれば、全人類を包み込む大きい統一的な存在がありそうに思えてきます。

【9章原注】

1 Andrew Smart, Beyond Zero and One: Machines, Psychedelics and Consciousness (New York: OR Books, 2009). Dan Sperber and Deirdre Wilson, Relevance: Communication and Cognition (Hoboken: Wiley–Blackwell, 1996).

2 Masahiro Morey, “The Uncanny Valley,” Energy 7, no. 4 (1970).

3 Jeremy Hsu, “Why ‘Uncanny Valley’ Human Look-Alikes Put Us on Edge,” Scientific American, April 3, 2012.

4 Johan Huizinga, Homo Ludens: A Study of the Play-Element in Culture (Eastford, CT: Martino Fine Books, 2016). 日本語版　ホイジンガ著、高橋英夫訳『ホモ・ルーデンス』（中公文庫プレミアム、２０１９年）

5 Kembrew McLeod, Pranksters: Making Mischief in the Modern World (New York: NYU Press, 2014).

6 Timothy Leary, “You Aren’t Like Them,” lecture at UC Berkeley, 1968.

7 Trebor Scholz, Uberworked and Underpaid: How Workers Are Disrupting the Digital Economy (Cambridge, UK: Polity, 2016).

8 Lawrence Wright, Going Clear: Scientology, Hollywood, and the Prison of Belief (New York: Vintage, 2013).

9 John Cornwell, The Dark Box: A Secret History of Confession (New York: Basic Books, 2014).

10 P. K. Piff et al., “Awe, the Small Self, and Prosocial Behavior,” Journal of Personality and Social Psychology 108, no. 6 (2015).

10章　精神性と倫理

――人間の「魂」とその行方

67 循環する時間と一方向の時間

現代の生活では、あまり畏敬の念を感じるということがありません。人間は、長い苦労の末に、昼と夜、月の満ち欠け、季節の変化の大きな周期から切り離されて生活するようになりました。そのため、身の回りにある感動的な循環や再生を目撃したり共感したりすることが難しくなっています。畏敬の念のような精神性は、現在の状態ではなく、将来達成すべき目標の一つになっています。

今日と違って、昔の人間が経験したことの大部分は、時間が循環しているという理解と実感によって確かめられるものでした。これに対して、一方向に時間が流れて歴史が作られるという考え方、運命は自分で変えられるという考え方は、つい最近になって始まったものです。数千年にわたって人類の生活と共にあったアニミズム(汎神論)的な社会と、過去の1000年ほど植民地主義の基礎になっていた宗教との差異はそこにあります。

時間が循環するという理解の下では、行動の結果は、決して他人に押し付けたり避けたりできず、自分に返ってくるものです。全ての人が生まれ変わると考えられているので、他の誰かに悪事を働いたとすると、いつか必ずその相手に出会います。自然を破壊してダメにすると、自分自身がその世界に生まれ変わってしまいます。流れていく時間や歴史というものは存在しないので、個人は常に現在に生きています(原注1)。その結果、全ての物および全ての人は互いに依存していて、みな共通の生命の起源から発生したと考えられていました。

文字の発明によって、人間は、過去を記録したり将来の行動について約束したりする能力を手に入れました。ここで歴史的な時間というものが生まれました(原注2)。永遠に続く現在という精神性が終わりを迎え、ユダヤ教やキリスト教など、一本の直線的な時間上にある宗教と一神論が始まりました。歴史的な時間の概念がなければ、天地創造に多くの欠点があるのに唯一の全能の神が存在する、という説明はできません。歴史という概念が生まれたことによって、この不完全な世界は製造中の未完成品だという理由付けができるようになりました。神は完全なのですが、世界の計画はまだ完成していないのです。将来のいつか、神の完全性が示される救世主の時代が来るはずです。神のおきてを忠実に守り続けた人々には、最終的に良い結果が得られます。聖書は、奴隷の身分から脱して繁栄した人々の物語であると同時に、神との先送りされた契約でもあります。神のおきてを守れば、将来の繁栄が約束されるということです。

そこで「以前と以後」という二元性が宗教の中心的な前提になりました。ものごとは、時間的に一つの方向に動いていきます。完全性や永遠の世界という考え方に代わって、少なくとも信者から見れば、聖書の世界に時間軸と運命がもたらされました。人々や神にとって、未来は製造中の未完成品です。明日は今日よりも良くなるはずです。生まれ変わりという考えは、時代遅れになりました。全ての人々が復活するためには、唯一の救世主の死が必要とされます。救世主が再臨するとき、全てが終わります。このように、世界は、始まり〜中間〜終わりがある物語になりました。

時間が一方向に直線状に進むという理解は、ある積極的な影響をもたらしました。倫理および進歩について全く新しいアプローチが生まれました。私たち人間は、世界をより良い場所にすることができ、より優れた正義に向かって進むことができるという考え方です。神話で述べられているように、古代イスラエル人は、奴隷の身分から脱出して、自分たちの物語を生み出す自由を勝ち取りました。直ちにモーセとその兄は、人々が守るべき新しい倫理としてのおきてを作りました。これがユダヤ教です。宗教は、永遠に続く儀式だったものから、上から与えられた行動の基準に変わりました。

その一方で、未来に注目するようになったことから、意図した目的があれば、ほとんど全ての行動を正当化できるようになりました。十字軍のような非人道的な惨事、あるいは、ヘーゲルやマルクスなどの哲学は、全てのものが一定の目的に向かって進んでいるという目的論によって世界を解釈しています。このような考え方によって、倫理や社会正義に対する人間の関心が高まりました。しかし、同時に私たちを現在から引き離しました。何か重要な理由があって将来の見返りがあるならば、今、暴力をふるってもよいと考えるようになりました。

私たちは、船に乗って水平線を見ながら前へ進んでいきますが、自分の後ろにできる航跡で起こっている荒廃を見ないふりをしています。回復不可能な森林を伐採し、石炭や石油を掘り尽くし、水を汚染しています。この地球や人間を、使い尽くして捨てるべき資源として扱っています。ぜいたくな技術を作るために人間が奴隷化され、都市から遠く離れた場所にいる人々が汚染と貧困に直面しています。企業は、このような破壊的な副作用が外的要素であり、すなわち自社の利益に関わりのない人や場所だけに降りかかる、事業を遂行する上で副次的に生まれた損害だと考えて軽視しています。

生まれ変わりや因果応報を信じていれば、後々の影響を恐れて、そのような非人道的な行動はとりにくいはずです。あらゆることが自分に返ってくるので、面倒な責任を他人に押し付けることができません。しかし、生まれ変わりという概念が宗教からなくなると、今日危害を加えた人にいつか再会することを恐れる必要がなくなります。必ず神のご加護があると信じていれば、自由に自然界を破壊して、あとは天からの助けを待てばいいのですから。

時間が繰り返して循環するという理解は、世界の終末という特別な瞬間が来るとする考え方とは矛盾しています。時間が流れないのですから、あらゆるものは今も昔もずっと同じように存在しています。進歩というものはなく、季節とその循環があるだけです。実際に、ユダヤ教よりも古い多くの宗教でよく見られた教義は、人間は本当に独創的な行動をとることはできない、というものでした。人間の行動は、神の最初の動作を永遠に繰り返すだけだと言うのです。ある人がとる行動、ある人が作り出す物は、世界の中で人間を超える大きなものと共鳴する限りにおいて意味があります。行動に意味があるのは、それが神の行為をもう一度演じるものだからです。人々が愛し合うとき、結合という神の原型をもう一度演じているのです。生産されたものや建設されたものは、神の創造性の反復にすぎません。

現代性が身体にしみ込んでいる私たちから見れば、これは全く退屈で使い道のない考え方のように思われます。進歩が重視されておらず、独創性、著作権、特許権がなく、進むべき方向性がないからです。

しかし、それは、天然資源から廃棄物へ向かって進む一方的な時間の流れよりも、持続する可能性が高い考え方でもあります。現代的なやり方は、自然および物が再生するという原理とは逆に向かっています。

昔の人々は循環する時間を信じていました。それが今では、一方向の直線的な時間の流れを信じるようになっています。

68 一神教と「ウェティコ」

多神教では、神を具体的な存在として考えることができ、世界やその移り変わりと自分がつながっていると感じることができました。生まれ変わりや時間の循環を信じることによって、全てが互いに依存しており、それそれ他のものに対して責任があるということが確かなものになっていました。

ユダヤ教は、生活における神との具体的な関わりを想像的で抽象的な一神教に置き換えました（原注3）。一神教においては、神を崇拝し神のおきてに従っている限り、全能である神の行動を人間がもう一度演じることはありません。キリスト教は、生まれ変わりという循環を、救済に向かう一直線の流れに置き換えました。永遠の恩恵という天国から追放されて、原罪と共に生きながら救済のために祈るという生活になりました（原注4）。

このような信仰の変化には、プラス面とマイナス面があります。本来であれば、法律などの文明や技術の発明、進歩への関心は、自然、生命の循環、神との時間への畏敬と矛盾しないはずです。しかし、一直線上を進むという一神教の考え方が資本主義の期待するものと一致していたので、そのバランスが失われてしまいました。その結果として、一神教に支えられた資本主義は成長、拡大、搾取を目指すことになりました。

アメリカにもともと住んでいたネイティブアメリカンは、ヨーロッパから来た破壊的な侵略者に出会ったとき、この侵略者たちは病気にかかっていると考えました。彼らは、それを「ウェティコ」と呼びました（原注5）。他人の人肉を食べて生命力を得ることが論理的にも道徳的にも正しいという妄想のような考え方です。ネイティブアメリカンは、ウェティコが起こるのは、自分自身が自然環境の中で互いに依存しているその一部分であることを理解していないせいだと信じていました。この状態に陥ると、自然はお手本として見習うべきものではなく、征服するべきものになります。女、原住民、月、森林は、全て暗く邪悪であり、男によって、また、その文明的な制度、武器、機械によって支配されるべきものになります。力は神の意思を表すものであり、力は正義だと考えられました。

ウェティコは、ヨーロッパ人のせいだけではありません。その傾向は、一カ所に定住するようになって、穀物をため込み、労働者を奴隷化する時代にまでさかのぼります。理不尽な破壊は、長い間、ある種の精神病だと考えられてきました。これは、旧約聖書の神話（出エジプト記）に出てくるファラオが患っていた病気です。全ての共感および自然とのつながりから切り離されて、「神が彼の心をかたくなにした」と言われています。ファラオは、他人のことを駆除するべき害虫だと思っていました。農業から戦車に至るまでの優れた技術を使って、神聖とされた自分の意思に合うように自然を屈服させました。

ユダヤ教もキリスト教も、ウェティコの脅威を避ける方法を考えました。初期の僧侶たちは、自然から切り離して抽象的な神を崇拝すると、人々の共感やつながりが少なくなると気付きました。ユダヤ教は、その欠点を避けるため、神の姿を描くことを禁じました。古代イスラエル人は、エジプトの死の崇拝から逃れて新しいユダヤ教を生み出しました。参加者が常に改良し続けるというオープンソース的な手法を宗教に取り入れたのです。聖典は、わかりやすくするためにヒエログリフ（神聖文字）ではなく、古ヘブライ文字の手書き文字の書体が使われました。エジプトで崇拝されていた聖なる箱と違って、イスラエル人の「契約の箱」すなわち、モーセの十戒を収めた箱には偶像が付いていません。その代わりに、箱の上には二体の天使の像が向かい合っていて、その天使の間の何もない空間に対して礼拝しました。偶像を禁止することによって、人々は互いの中に神を見出すようになりました。また、おきてによれば、ユダヤ教の聖典トーラーを読むときには、10人以上が集まっていなければならないというミニヤン（礼拝定足数）が決まっています。礼拝が社会的なものであることを保証しているように思われます。

同様に、キリスト教においても、宗教そのものよりも、他人への愛を経験したり表現したりする手段としての宗教のほうが重要であることを示そうとしました。ユダヤ教では書かれたおきて自体が崇拝の対象となってしまっていたことを考慮して、新しいキリスト教では再び心に注目するようになりました。聖書のキリストは、宗教そのものが図形＝主題になることを防ごうとし、宗教は背景であるように努めました。

しかし、十字架が神の征服の象徴になりました。植民地帝国は、最初は十字軍で、そしてその後の資本主義と産業主義の到来において、それまでにないほどウェティコ的な行いを広めました。本来は精神的な行動の規範を明示するために作られたおきて、すなわち法律は、国王から公認された独占企業が国王の軍隊の支援を受けて世界を支配するための道具になってしまいました。ヨーロッパ人は、植民地の支配の成功が神意によるものだと解釈していたのに対して、ネイティブアメリカンは、白人が一種の精神病にかかっているせいで、生存に必要な限度をはるかに超えて奪い取り消耗させ、思いやりのない「冷たい心」になっているのだと考えました。

明らかに、ウェティコのウイルスが世界に広まることになり、攻撃的な搾取によって生まれたこの社会は、今なお、ユートピア的な未来を掲げることによって、現在の人間が人間自身や自然を理不尽に搾り取ることを正当化しています。

69 精神主義と人間からの「超越」

多くの西洋人が、この成長にとりつかれた社会に存在する問題を理解するようになりました。そして、時間を超越した精神的な感性を示そうと努力しました。しかし、必ずと言ってよいほど、そのような努力は、「個人は成長し発展するものだ」という私たちの身体にしみついた楽観主義的な考えによって否定されてしまいます。

『オズの魔法使い』の作者であるフランク・ボーム（1865～1919）は、この力関係を体現した人です。ボームは、ロシア人の心霊術者、マダム・ブラバツキー（1831～1891）の熱心な弟子でしたが、一方で百貨店のショーウインドウ装飾および販売戦略に関する世界初の雑誌の創始者でもあります。『オズの魔法使い』の物語でドロシーが黄色のレンガ道をたどる旅は、ブラバツキーから受け継いだ深い知性と、20世紀初頭のアメリカ的な大量消費主義の「やればできる」という楽観主義が結び付いたものです。ドロシーとその仲間たちが魔法使いから受け取った贈り物は、実は、彼らが最初から持っていた潜在能力を引き出したことでした。彼らが本当に必要としていたものは意識の変革ですが、心霊主義と、ボームの計画していた良い商品と販売技術は矛盾しなかったのです。同様に、ノーマン・ビンセント・ピール牧師（1898～1993）の「ポジティブ・シンキング（積極的思考）」は、オカルトや超越主義を根源とするものですが、「繁栄の福音」として体系化されたときに初めて広く流行しました。ピール牧師は、貧しい人に対して、楽観主義と祈りの力を利用すれば豊かな暮らしが得られると教えました。裕福な人に対しては、その幸運は内面的な信仰が外面に現れたご褒美だと言って安心させました。

これと同じく「個人の繁栄」という考え方を否定するわけではない、1960年代から1970年代のカウンターカルチャー運動は、元々は、アメリカ社会が基盤としている成長への信仰に否定的でした。ヒッピーは、大量消費主義や、自分たちの親の世代にある中産階級的な価値観を拒んだのです。この時代の科学者はLSDについて語り、また、物理学に東洋の古代思想タオ（道教）を見出していました。西洋ではある全体を部分や要素に還元することはできない、という全体論（ホーリズム）という新しい考え方が出現しました。それがロック音楽の歌詞に影響を与え、また、瞑想やヨガのセンターがたくさん開設され、仏教など東洋の宗教の人気が高まりました。それは新しい時代の先駆けのように思われました。

ところが、このような精神的な態度は、全てアメリカ的な大量消費主義の文脈で解釈されることになりました。ハーブ、セミナー、セラピーなどが、人生のあらゆる悩みをすぐに解決するものとして宣伝され、マルチ商法の仕組みを使って広まりました。その結果としてのニューエージ運動は、健全な共同社会ではなく、個人的な啓発と幸福を主張するようになったのです。昔ながらの「個人の救済」というワインが、「カリフォルニア・シャルドネ」のボトルに入って新しい商品となっているだけです。反戦や市民運動という社会正義を目標とした活動は、極めて個人主義的な利己的なものに形を変えました。彼らは、心理学者であるアブラハム・マズロー(1908〜1970)の人間の欲求には五つの段階があるという欲求五段階説を採用して、その頂点にある「自己実現」が究極的な目標だと主張しましたが、参考にしていたはずの仏教では自己という前提すら疑っているということは気にしません。LSDによる幻覚体験は、個人の救済を示すものになりました。

運動に参加していた裕福な信者たちは、人間性教育のためのコミュニティーであるエサレン協会のような施設に引きこもって、マズロー、フリッツ・パールズ、アラン・ワッツなど自己変革の主唱者から教えを受けました。日常的な現実を中断して自分の悩み事に向き合うことには価値があるのでしょうが、そこでは「超越すること」が強調されていました。社会から、因習から、個人から、人間から……。従来の宗教は神を崇拝するように教えたとすれば、この新しい精神主義では、自分が神になるのだと言っていたのです(原注6)。古代の全体論、永遠性、神の再演という概念が再登場したわけではなく、また、目標に向かって一本の直線的な時間を進むという初期の資本主義的な考え方とも異なることが、エサレン協会の所在地、すなわち昔のエッセレン族(訳注 カリフォルニアに居住していたアメリカの先住民族)の聖なる土地だった場所で行われていたのです。

70「トランスヒューマニズム」の源泉

「個人的超越」という最終的な目標は、罪深い仮の身体を捨てて、完全かつ自由な意識として浮かび上がることです。ところがそれまでの資源の浪費は個人から超越するためのロケットの燃料となって、見苦しい破壊の痕跡が物理的な現実世界に残されてしまいました。

このような精神主義は、消費者資本主義からの離脱ではなく、むしろその同じ目標の究極の実現だと言えます。コンピューター科学者は、1970年代までに、他の多くの分野や業界では、これと同じ可能性に注目していました。一方で自己変革の精神的指導者は、人々を「超越」させ、燃えている炭の上を歩けるようにする手助けをしていました。特別なメッセージが吹き込まれた録音テープは、身体を離れて精神的な旅をするのに使われました。「物質にまさる精神」というのがスローガンになりました。人々は中高年になるまでに、死だけでなく生物学的な限界から逃れようとしていました。つまり、資本主義と精神主義は「個人」というものを巡って同じ道を歩んでいたのです。

精神的、技術的、文化的なイノベーションの鼓動が高まるとともに、サンフランシスコの湾岸地域は、既存の秩序を打倒したい、またはそこから逃れたいと考えている世界中の人々から注目を集めるようになりました。裕福な進歩主義者は、個人的な精神の旅で得られた洞察を全世界に適用できると信じていました。彼らは、飢餓撲滅、がん治療、動物との意思疎通、宇宙人との接触のためのプロジェクトを開始しました。彼らの最も有意義な仕事は、アメリカとソビエト連邦の核兵器による対立への対応でした。この二つの国で最も精神的に目覚めた、政界に縁のある人々による一連の会議を開催したのです。

1983年に行われたソビエト連邦とアメリカの市民外交会議（原注7）には、それぞれの国からトップレベルの精神的指導者、科学者、心理学者が集まりました。ニューエージに相当するソ連側の精神的世界の代表者は、「宇宙主義」の実践家たちでした。それは古代からの救済思想であるグノーシス主義の一種で、ロシア正教が伝統的に不死を強調しているところから生まれたものです。宇宙主義は大人気を博しました。その寿命を延長する技術は、すぐにこの会議の最初の目的である国際関係よりも人気の話題になりました。宇宙主義者は、人間が死という運命を超越できるだけでなく（少なくとも何らかの形で）身体性を伴う不死が得られると信じていたので、技術によって死に対抗できるということを、LSDを使うアメリカの心霊術者に納得させました。

宇宙主義者の元々の考え方は、死者の身体の原子の配置を生きていた時と全く同じにすれば、死者を蘇生させることができるというものでした。しかし、宇宙主義者は他の解決策を研究するようになりました。たとえば、人間を計画的に進化させて完全なものにすること、人間の意識をロボットの身体に移植すること、死を征服すること、宇宙を植民地化すること、自分自身をコンピューターにアップロードすることなどです。

これらのアイデアは、今日のトランスヒューマニズム（超人間主義）の源流です。つまり、70年代の人間を「超越」しようとした精神主義は、現代のテクノロジーに大きく影響しているのです。この会議を経験した人たちが、シリコンバレーの最も影響力のある経営者、投資家、教授、科学者、技術者になっていきました。その中には、世界最大のデジタル企業を創設した人もいます。この考え方は、今でも人工知能、個人による宇宙探査、ロボット工学、ビッグデータ、寿命延長などを開発する動機になっています（原注8）。

トランスヒューマニズムは、身体が死ぬ前に、または世界が終わる前に「人間」から脱出するために、人間性のある特定の形態を強化して維持する一方で、他の面倒なものは忘れるか、場合によっては都合よく利用します。

71 人間を侵略するサイバーウェティコ

トランスヒューマニズムの活動は、人類の進歩に関する理論というよりも、単に逃げ出す計画にすぎないものです。彼らは、宇宙空間、サイバー空間、人工意識、または人工生命へ飛び込むことによって、自分たちが文明からの完全な脱出を画策している、と思っています。しかし、そのアイデアは、消費、破壊、進歩、植民地化に無分別に熱中していた資本主義の延長線上にあるものです。いわば「サイバーウェティコ」なのです。

かつてヨーロッパの植民地主義者は、より大きな目標に向かって、神の定めた運命に従って進んでいると信じて、そこに住む人々やその土地のことを考慮せずに世界を侵略しました。目的の達成には何らかの犠牲が伴います。これと同様に、コンピューターチップ上で意識を「超越」させるためには、一部の人々が犠牲になります。コンピューターの原料となるレアメタルを採取するには、労働者に危険な奴隷的労働をさせる必要があるからです。

コンピューターの能力が人間の能力を超えるという特異点を信じる人々は、必要があれば人間に危害を加えることを気にしません。なぜならば、私たちが考えているような人類は、彼らの「素晴らしい未来」には関係ないからです。生きている私たちの身体は、森林や油田、その他の天然資源と同じように、人間の不死を手に入れるために、全て採り尽くして燃料として燃やす、あるいはその他の方法で使い捨てるものだと考えているのです。サンフランシスコ湾岸地域のある新興企業は、若者の血液を採取して、裕福な経営者たちの年老いた身体に新しい生命を輸血しています(原注9)。少なくとも、自分たちの非常に優れた頭脳をクラウドに移すことができるようになるまで生き続けるためです。

コンピューターやロボットが思考できるようになれば、人間も不要になるのでしょう。自然環境を破壊してもあまり困ることはありません。ロボットも、クラウドに移された人間も、生命を維持するために自然の環境を必要としないからです。私たちは進化して、または工学的に操作されて、身体というものを「超越」してしまうのでしょう。あるいは、私たち人間が関与することのない人工知能を開発するのかもしれません。その時点で、人間は機械の世話をするためだけに必要とされるものになります。少なくとも、機械が自分の世話を自分でできるようになるまでのことですが。

そうなると、世界最大のインターネット企業の科学者が言っているように(原注10)、人類は進化の後継者にバトンを渡して、舞台から降りることになるでしょう。特異点の提唱者たちは、それに反対する人間からの意見を自信過剰、うぬぼれ、ノスタルジアだと考えて無視しています。彼らにとっては、人間こそが厄介な問題なのです。人間は、女性や森林や未開の先住民と同様に、有害であいまいな自然界の一部だと言うのです。人間は、予測できない感情やホルモンの起伏があり、不合理な欲求を持つ先住民です。

特異点主義者は、人間よりも技術を信用しています。個人情報の監視はソーシャルメディアの収入源であるだけでなく、デジタル社会を人間の抵抗から保護する手段でもあります。プログラムは、公平にルールを強制します(あなたがプログラマーであれば別ですが)。すでにブロックチェーンではそれが現実となっていて、心を持たない機械が法律の条文を執行しています。技術の開発を加速することによって、この地球が時間切れになる前に特異点に到達すれば好都合だと思っています。

コンピューターや人工知能は、純粋な「意思」を持っていて、人間社会の優先順位や道徳上の懸念によって混乱したり手加減したりしません。自然界を植民地化するという破滅的な衝動を、そのまま実利的に拡大した延長線上にあります。

私たち人間は、ついに自分自身を侵略する「ウェティコ」という敵を作ってしまったのです。

72 「大きな理由」という価値観

拡大、成長、そして「超越」に向かって進もうとする、中毒とも言える人間の欲望は、自信過剰および支配欲から生まれたものです。地球上の新しい地域を植民地化すること、あるいは、自然の何らかの側面を支配しようとすることが、創造性の実現だと誤解しています。私たちは、自分が神であるかのように振る舞っています。神のように創造する力があり、本来ならば人間の欲望を縛るはずの価値体系からも影響を受けないと思っています。この道筋は、最終的に満足感が得られるものではなく、中毒性があります。

アルコール依存症から回復するための12ステップのプログラムと同じように、「ウェティコ」を患っている人がその破滅的な行動をやめたいならば、自分自身を超えた偉大な力に頼らなければなりません。多くの人にとっては、神を信じるのは難しいことです。では、崇高な英知や宇宙の秩序についてはどうでしょうか。私たちのあらゆる行動は神の最初の動作を再び演じているにすぎない、というような原始的な感覚は受け入れられないでしょう。しかし、少なくとも、人間は、より高い次元の普遍的かつ理想的な存在によって導かれるべきだ、という考え方を受け入れる必要はあるでしょう。その理想的な存在とは、現実の既存の法律、あるいは共感できる人生の指針かもしれません。人間の持って生まれた良識を通じて発見または発明された倫理的な基準かもしれません。その起源が何であっても、私たちを導くものとして、このような理想的な存在が必要なのです。

王様や社長の、あるいはコンピューターの命令に従うつもりがないのであれば、私たち人間が相互に有益な目的に向かって、チームとして協力するための共通の価値観が必要です。その考え方、すなわち「互いのためになる」という考えそのものが、より高い次元の価値観です。その価値観は、何が正しいのかという判断についての前提となるものであって、人間の進化の歴史だけでなく、正しい宇宙の仕組みにも織り込まれているものです。

今の私たちは、産業革命時代の生産性の論理や資本主義よりも、さらに深い善悪の感覚を持っています。以前の価値観は機能中心でしたが、倫理を教えてくれません。また人間に活力を与えてくれるものではなく、また、破滅を避ける方法も教えてくれません。自然を支配する方向に人間を導いて、最終的には自然を人間の中に取り込んで服従させようとするものです。今や人間の幸福や繁栄の目標は、極端に合理化されて自然界から分断された、産業や経済の体系における数値になっています。

私たちの行動の基準となる「大きな理由」、すなわち、目標に向かって進むための変わらない価値観が必要です。それは、日常のよくある動作についての実用上の必要な「単なる理由」づけではありません。人間の行動全体に対する「大きな理由」です。たとえば、教育の「単なる理由」は、生徒が能力を獲得し、認識能力を高め、事実を受け入れることです。それも確かに重要です。しかし、教育の「大きな理由」とは何でしょうか。学ぶこと。それ自体が理想とされる姿です。

「大きな理由」がなければ、私たちは、利益のみに支配された論理に従うようになります（原注11）。そこには、人間や自然を受け入れる余地がありません。その論理は、人間に対して「大きな理由」や原則に基づくのではなく、合理的に行動するように、妥協に屈服するように、と命令します。力が正義であり、高い次元の善よりも、利益となるための力が重視されます。

このような論理に対抗するために必要とされる理想の姿は、はるか遠くにあるわけではなく、また、抽象的なものでもありません。平和、愛、一体感、畏敬の念という形で人間性の核心に近いところにあります。これらの理想が常に正しいと証明できるわけではありませんが、それは存在しないからではありません。私たちがそれらの理想像とのつながりを失っているだけです。

人間と理想像とのつながりは、先天的かつ自然で努力しなくても得られるものでした。しかし、市場、植民地主義、奴隷制度、搾取、テクノロジーにその地位を奪われた後、さらに、応用科学、実利主義、広告によってその状況が正当化されました。アイデアはもはや武器となったミーム（人から人へ模倣されて伝えられる文化的な情報）に、人類は人材に成り下がりました。私たちは、利益を生み出すだけの能力に夢中になって、そもそもその能力を行使するための「大きな理由」とのつながりが途絶えました。このようにして、人間は自然とは別の存在であって、その進路に存在する人々や物を犠牲にしても現実をねじ曲げる能力があると考えるようになってしまったのです。

今こそ、「単なる理由」づけと「大きな理由」とのバランスを取り戻すべき時期です。不思議で独特な人間という地位を取り戻すべき時期です。自然のごく一部でありながらも、この世界を今までよりも良いものにする意識と能力を持った人間という地位です。

【10章原注】

1 Mircea Eliade, The Myth of the Eternal Return, or Cosmos and History (New York: Pantheon, 1954).
日本語版　ミルチャ・エリアーデ著、堀一郎訳『永遠回帰の神話―祖型と反復』(未來社、１９６３年)

2 Karen Armstrong, A History of God: The 4,000-Year Quest of Judaism, Christianity and Islam (New York: Random House, 1993).

3 Douglas Rushkoff, Nothing Sacred (New York: Crown, 2003).

4 Wilhelm Reich, The Mass Psychology of Fascism (New York: Farrar, Straus, and Giroux, 1980).
日本語版　ヴィルヘルム・ライヒ著、平田武靖訳『ファシズムの大衆心理』(せりか書房、１９８６年)

5 Jack D. Forbes, Columbus and Other Cannibals (New York: Seven Stories, 2011).

6 John Brockman, "We Are As Gods and Have to Get Good at It: A Conversation with Stewart Brand," The Edge, August 18, 2009.

7 Jeffrey J. Kripal, Esalen: America and the Religion of No Religion (Chicago: University of Chicago Press, 2008).

8 Erik Davis, Techgnosis: Myth, Magic, and Mysticism in the Age of Information (Berkeley: North Atlantic, 2015). Pascal-Emmanuel Gobry, "Peter Thiel and the Cathedral," Patheos.com, June 24, 2014, http://www.patheos.com/blogs/inebriateme/2014/06/peter-thiel-and-the-cathedral/ (accessed January 10, 2018).

9 Maya Kosoff, "This Anti-aging Start-up Is Charging Thousands of Dollars for Teen Blood," Vanity Fair, June 2017.

10 Ray Kurzweil, The Singularity Is Near: When Humans Transcend Biology (London: Penguin, 2005).

Truls Unholt, "Is Singularity Near?" TechCrunch, February 29, 2016.

11 Max Horkheimer, Eclipse of Reason (Eastford, CT: Martino Fine Books, 2013).

11章　自然科学

——科学は誰のためにある？

73 自然保護か開発か

この世界を自分のイメージに合わせて作り変えようとする制度や技術に対しては、戦いを挑みたくなります。過激な環境保護主義者は、自然環境を回復するためには、人間の文明を後退させて産業革命以前の状態に戻らなければならないと信じています。その他にも、私たちはすでに技術の進歩、遺伝子工学、グローバルな経済市場という運命に身を委ねてしまったのだから、もう手遅れだと言う人もいます。彼らの考えによれば、進歩の速度を緩めることは、かえって現状の危機に対する解決策が見つからなくなるだけだ、というのです。

どちらのやり方もうまくいかないでしょう。人間がいつまでも自然を支配し続けることはできません。だからと言って、文明から手を引くこともできません。これは、自然保護派と進歩追求派との戦争ではありません。チームヒューマンは、全ての人がメンバーなのです。

危機に際して二者択一的な対応をとるならば、それはデジタルメディア環境の0と1の論理に降伏していることになり、抵抗しようとする対象そのものになってしまいます。技術は多くの問題を生み出していますが、それは敵ではありません。さらに言えば、経済市場、科学者、ロボット、コンピューター、そして人間の進歩への欲望、いずれも敵ではありません。

しかし、基本的な、そして有機的、感情的、社会的、そして精神的な感覚を犠牲にして、技術を追求することもできません。自然とつながりを持っていたいという人間の要求と、現実世界に影響を及ぼしたいという欲望のバランスをとらなければなりません。どちらか一方、ではなく、両方を目指すのです。それは、矛盾しません。

「どちらにも全面的に関与しない」という方法に、全面的に関与することはできます。この世界を完全に支配していなくても、完全に人間的であることができます。人間は優れた自然の観察者であり、同時に問題解決者であるかもしれませんが、自然環境は解決するべき問題ではありません。その代わりに、私たちは自然環境と共に働くことを学ばなければなりません。また、過去１０００年ほどにわたって人間が発明したさまざまな制度や技術と共に働くことも学ぶ必要があります。後戻りすることはできません。この状況を切り抜けて前へ進まなければなりません。

これは、川でラフティングをする人が急流に出合ったときに最初に学ぶことと似ています。乱流によってラフト（舟）が激しく揺れ始めると、初心者は、パドル（櫂）を真っすぐに水中に入れて流れに抵抗して、できるだけ静止させようとします。あるいは、パドルを完全に水から出して流れに身を任せる人もいます。どちらの方法も、ラフトは川のなすがままになってしまいます。最善の対応は、しっかりとパドルを漕いで速く進むことです。岩や障害物を避けるように調節しながら、流れと共に進みます。抵抗するのでもなく、受け身になるのでもありません。積極的に参加するのです。起こっていることと調和をとるように、流れと一体となって下流へ向かって進みます。

技術によって社会的、政治的、経済的な混乱が、激しくなっているこの状況は、私たちに対してより強い意識を持って状況に参加するように促しているのです。このような状態を招いた人間の活動を非難するのではなく、その活動をより人間的なものに、人間を尊重したものにしていくべきです。そうしなければ、技術だけでなく、貨幣、農業、宗教など人間が発明したシステムが人間を圧倒して、それ自体が生命を持っているかのように振る舞い、そのシステムの要求と成長を人間より優先することを私たちに命令するようになります。

スマートフォンをなくす必要はありません。スマートフォンが私たちの時間を盗むのではなく、時間を節約できるようにプログラムするべきなのです。株式市場を閉鎖する必要はありません。投資家の短期的な気まぐれに企業を従わせるのではなく、資金を必要とする企業にうまく資金を分配できるように市場を作り変えるべきなのです。都市を破壊する必要はありません。経済の面でも環境の面でも持続可能になるように力を尽くすべきなのです。そのためには、人間の大きな創意工夫が求められます。

環境保護主義者は、私たち人間こそが問題であるかのように主張することがありますが、人間が問題なのではありません。人間は地球上のがんではありません。しかし一方では人間は意思を持った存在であり、自然環境を自分の思い付きに合わせて変えてしまう力を持ち、脅威だと感じたものを支配しようとする傾向があることを忘れてはなりません。

そのような傾向を良い方向に利用して、人間が作り出した破滅的な脅威を先回りして解決することが求められます。人間の技術によって引き起こされる世界的な大災害に対する備えがあれば、その予防や被害軽減にもつながるでしょう。エネルギー生産の分散化、公平な資源管理、地域の協同組合設立は、災害の被災者に有益であり、そのストレスを減らすことにも役立ちます。

やればできるという楽観主義を捨てるのではなく、世界を支配することより優先順位の高い課題に対して努力すべきです。

74 人間と農業

唯一の正解というものはありません。

今の私たちが自然を保護する取り組みは、保護か開発かというように単純化され過ぎています。この問題は込み入ったものではありますが、複合的ではありません。自然保護活動と言っても、さまざまに変動的な要素があり、さまざまな技術が使われ、さまざまな参加者がいますが、私たちは自然界における相互のつながりについて全てを知っているわけではありません。あるいは、未知の要因が存在する可能性についてはまだ考えていません。自然は、変化していて常に流動的です。したがって、自然から最大限の収穫を採り尽くそうとするだけではなく、バランスを重視する取り組みが必要です。

昔の狩猟採集民が初めて種をまいて植物を育てたときには、農業が地球の土壌の生産力を損なうとは予想もしなかったでしょう。彼らに責任はありません。農業が、そして文字や都市が、文明と呼ばれるものを生み出しました。しかし、農業によって人間の食物の多様性が失われ（原注1）、作物が病害や虫害の影響を受けるようになりました。農業によって、人間が定住するようになり、感染症にかかりやすくなりました。人間の骨格は小さくなり、家畜は病気にかかりやすくなりました。狩猟採集民は、さまざまな点で、その後継者である農民よりも健康的で持続可能な生活を享受していたと思われます。

旧約聖書の神話でわかるように、農業は「豊作と飢饉」、すなわち余剰と不足という不安定な状況を生み出しました（原注2）。さらに、これを利用して一部の人間が富と支配を得る可能性が広がりました。権力を握ろうとする人々にとっては、農業は、文字や計算の発明とともに、必要な資源を中央に集める使いやすい手段でもあったのです。

農業は、この世界に新しい方法をもたらしました。地球が与えてくれるものを拾い集める代わりに、農民は土を耕して必要なものを栽培します。自然の贈り物であった収穫は、農業によって人間の労働の成果に変わりました。人間はこの成り行きに数千年前から気付いていました。旧約聖書の神話では、神はカインが栽培して収穫した穀物のささげ物を受け取りませんでした。羊飼いのアベルは、自分のささげ物である動物が自分の作ったものではないことを謙虚に認めました。これに対して、カインが栽培した作物は、人間の傲慢さの印として神に拒絶されたのです。物を創造できるのは神だけだからです。

そのような神話の教訓を知っていても、人間は、農業が独占に向かうという特性を取り除くことができませんでした。中世になると、ヨーロッパの共有地は国が認めた独占企業の囲い込みによって占拠され、農業の最悪のマイナス面が強められました。私有農地を基盤として築かれていた共同体は、本来の効率、人間の健康、環境の持続可能性を犠牲にして、少数の人間が支配し、奪い取り、独占を進めるものになりました。

農業は、人々に食料を提供することとは関係なく、権力を集中するための手段になりました。19世紀のアメリカでの工業化された綿花栽培は、奴隷制度によって労働力を得ていたため、もうけの大きい奴隷貿易を続けていく理由の一つになっていました。現代の工業型農業は、化学肥料、農薬、バイオ技術の企業の株主を潤しています。工業型農業に賛同する人々は、労働集約的な有機農法では規模を大きくできないと主張します。しかし、それは、化学薬品の乱用で破壊された土壌が健全な状態に回復するまでの最初の1~2年だけのことです。生物多様性を重視した有機農法は、金持ちのためのぜいたくではなく、今、サハラ砂漠以南のアフリカで飢えている人々が生き延びるための手段です。工業型農業は、小規模な有機農法と比べて、収穫量が少なく、作物に含まれる栄養素が少なく、効率が悪く、多くの費用がかかり（原注3）、より激しい環境破壊につながります。これは議論の余地がないほど明白です。

工業型農業は、本当のコストを農業以外の分野に押し付けることによって成功しています。化学物質で汚染された食品や家畜を通じて、高いコストのかかる病気を人間に引き起こします。また、間接的にも、栄養不良、肥満、糖尿病という形で病気の原因になっています。その一方で、ファストフードや食品産業は、公共の道路に依存することによって、輸送コストを公共の交通システムに押し付けています。アメリカやヨーロッパの大国は食材を生産する国を軍の力で支配しています。そうした国の食品会社は、政府から独占的に巨額の補助金を得ています。国連および世界銀行の調査によれば、遺伝子工学は、世界の食料需要を満たすために積極的な役割を果たしていないということです（原注4）。

工業的な手法に頼ると、複雑なものを過度に単純化してしまうという問題が起こります。生命体やコミュニティーの循環的な再生能力を無視して、全てのものを一方通行の経済的な入力と出力として扱ってしまうからです。

工業型農業では、ある季節の収穫量が増えるかもしれませんが、その裏で、土壌の特質、栄養のレベル、作物の健全さ、将来の収穫量が犠牲にされています。その結果、より多くの化学肥料や遺伝子操作を利用する必要が生じ、その悪循環が続きます。最近の予測では、60年後には、植物を栽培できる地球の土壌を使い果たすと言われています（原注5）。量が少なく貴重であることによって利益を得る経済市場にとってはありがたいことかもしれませんが、食料を必要とする人間が住む地球にとっては非常に困ったことです。

農業は、地球から価値を取り出してそれを独占しようとするゼロサムゲームではありません。複雑につながり合って循環する収穫が作る輪の中に、人間がそのメンバーとして、また、受益者として参加することなのです。

75 持続可能性のための「パーマカルチャー」

地球の複雑な環境は、何らかの形で生き残るでしょう。しかし、そこに人間が引き続き参加できるかどうかについては、疑問があります。人間による積極的な工業化は、他の生物の多様性を脅かすと同時に、人間自身にとっても脅威になっています。二酸化炭素が増加すると、人間の認知能力が急激に低下すると言われています。(原注6)地球温暖化によって多くの人々が移住を迫られるだけでなく、気温上昇は、感染症の拡大や社会不安の増加をもたらします。

私たちは、フィードバックループ(出力を入力へ循環させることによって安定を保つシステム)や相互のつながりを持つ複雑なシステムの一部です。目先の利益しか考えない搾取者ではなく、先祖からの伝統を受け継ぐ人間として、知性と共感と見識をもって世界に向き合わなければなりません。地球は、人間を病原体のように拒むとは限りません。人間が資源を消費しても、何かが枯渇してしまうとは限りません。ある土地を、人間が来たときよりももっと豊かなものにすることを、人間は実現できるはずです。

自然と調和する意思をもって人間が自然や資源の管理に取り組むモデルは、「パーマカルチャー」と呼ばれています。ある大学院生が1980年にこの言葉を作ったときには(原注7)、アグリカルチャー(農業)とパーマネント(永続的)を組み合わせたものでした。その後、言葉の意味が拡張されて「パーマネントカルチャー(永続する文化)」という意味で使われるようになりました。食料、建築、経済、環境に対して持続可能な方法で取り組むべきだということです。

パーマカルチャーは、自然に対抗するのではなく、自然と協力するという考え方です。生産品や農作物を個別に見るのではなく、植物や動物が自然の中で共存している様子を観察します。季節の移り変わりや月の満ち欠けという大きな循環を感じ取ります（原注8）。それは迷信や神話ではありません。大地とは単なる土ではなく、植物を育てる土壌だと考えます。それは、菌類や微生物の非常に複雑なネットワークであり、植物が相互にコミュニケーションして栄養を分け合っているものです。パーマカルチャーの農民は、土壌を生命体として扱います。機械を使って土を砕いたり化学物質によって調整したりするものではありません。土壌に栄養を補給するためには、同じ畑で栽培する作物を周期的に変える輪作が行われます。また、表土を深くして水の流出を防ぎます。彼らがその土地で農業を始めたときよりも、環境を活性化し、持続可能性を高めることができるのです。

このような取り組みは、産業による影響で弱体化しています。たとえば、企業が既存の種子を特許化しています。農民がそうした種子を使えないようにして、遺伝子組み換え作物の種子の利益を守るためです。農業関連の大企業は、アメリカの有機認証基準までも支配しています。皮肉なことに、最も生産力の高い農法を使っていると、大企業の影響を受けて定められた認証基準に合わないため「有機」と表示できなくなっています。「力は正義なり」という論理でものごとが決められる状況では、パーマカルチャーの手法は生き延びにくくなります。

この争いのせいで、食糧問題の活動家たちは、反科学技術の側に閉じこもってしまい、科学技術を改良することや最新科学技術の成果を活動に取り入れることに消極的になっています。しかし、持続可能性や生物多様性のある農業や畜産は、化学合成窒素肥料、太陽光発電、コンピューター灌漑などを使ってさらに改良できます（原注9）。単純化して複雑性を除去するのではなく、複雑性を受け入れて、さらにその受け入れを進めるために使うのであれば、技術の進歩は、敵ではありません。

76 「津波石」の警告

日本では、「これより下に家を建てるな」と先祖が警告を刻んだ石碑よりも低い場所に住宅や各種の施設を造りました。このような石碑は津波石と呼ばれ、何百年も前にその地域に壊滅的な被害をもたらした地震と津波を経験した村人たちが建てたものです。現代人は、自分たちの建築技術が先祖の想像をはるかに超えて優れていると信じて、その助言を無視してしまいました(原注10)。その後、東日本大震災が起きました。

昔の村人たちは、自然災害が発生するパターンに気付いていました。大規模な災害はごくたまにしか起こらず、災害を経験しない世代が何世代も続くということも知っていたので、石碑という形で警告したのです。しかし、その知恵を伝えようとする努力は、パターンを認識しようとしない、あるいは自然界は循環するという性質を忘れた文明社会には理解してもらえませんでした。

津波石 大船渡市三陸町吉浜

重量32トン。1933年(昭和8年)3月3日の津波で打上げられ、その後、道路の法面に埋められていた。2011年3月11日の東日本大震災津波で石の一部が現れ掘り出されて、現在はこのように津波の威力を伝えるために保存されている。東海新報社 提供気象、生態系、経済市場、人の運命。これらは、巡り巡って循環しています。昔の人が経験的に理解していたことを、今の私たちは科学的に証明できます。気候変動から所得格差まで、データと図表を使って何でも証明できるのです。しかし、このような事実は、その瞬間その瞬間における私たちの経験や実感と結びついていなければ、人々に注目されません。冷たい抽象的な数字の羅列は、腐敗したお役所仕事の気配を感じさせるだけです。事実に基づく真実性をないがしろにする政治家にとっては、NASAによる気候変動のデータは、日本の津波石のように無視してもかまわないものなのでしょう（原注11）。

気候変動のような現象はかなり長い時間軸で発生するので、科学者からの警告も、あるいは先祖からの警告も、大部分の人にとってはなかなか理解できません。さらに、将来というのは遠く離れた概念であり、誰か他人の問題だと思ってしまいます。脳の研究によれば、私たちが自分自身の将来を考えるとき、赤の他人と関連付けて考えているとのことです（原注12）。その人が自分だとは思っていません。おそらく、これは問題に対処するために、問題を空想的なものとして考えようとする傾向を持つ、生物の仕組みなのでしょう。また、自分に対して恐ろしいことが起こる可能性を本当に検討しようとすると、全て大げさ過ぎる方向に考えてしまいます。これからの10年の私たちの社会を現実的により良いものにすることよりも、ゾンビがはびこる世界の終末を生き延びる空想的な方策のほうが考えやすいのです。

悪気のない科学万能主義者が、世界を救うためのアイデアを次から次へと話しますが、これもまた現実的に感じられるものではありません。光を反射する粒子を大気中に打ち上げるとか、海中に鉄くずを投入するとか、カリフォルニアの通勤者のためにトンネルを掘ってカプセル型の乗物を走らせるとか！　環境に関するこれらの壮大な計画は、持続可能な豊かさを遠ざけてしまうものです。こうした話は、より多くの利益が得られるハイテク・イノベーションを達成しなければ、豊かさなど実現しないのだ、と聞こえます。これらの話は全て、循環を感じることや昔の知恵を蘇らせることではなく、一方向へ直線的に前進する成長を前提にしています。

そのようなユートピア的なプロジェクトは、構想を描いた億万長者をヒーローにしますが、その一方で、人々は慣れ親しんだ現在の生活様式を大きく変えたがりません。しかし、私たちがスマートフォンをあまり買わないようにすれば、その生産のために働かされる子供を減らすことができます。動物の肉をあまり食べないようにすれば、自動車をやめるよりも多くの二酸化炭素排出量を減らすことができるのです。将来の話ではなく、今すぐ実行できることばかりです。

火星に太陽光発電のネットワークを作るような計画など必要ないのです。将来は、現実の出来事からかけ離れたものではなく、何かの計画を描いた夢物語でもありません(原注13)。現在の選択を通じて作り出している現実とつながっているものです。流れを観察してパターンを認識し、可能なところに方策を適用すればよいのです。

有機土壌管理による再生という考え方を適用すれば、農業だけでなく、経済を循環的なものにすることができます。菜食主義の主張から倫理的な基準を導き出すのと同じように、パーマカルチャーの実践者による知識を、教育、社会正義、政治に生かすことができます。大きなパターンを見つけ、年長者に学び、循環する自然を理解して活用しましょう。

そろそろ本題に入らなければなりません。私たち人間は、自分が生活する現実社会およびコミュニティーの中で、大きな流れを観察し、パターンを認識する必要があります。そうして初めて、直接に経験したこと以外に何が起こっているかを知ることができ、他人との一体感を生み出すことができるようになります。

77 科学の革新と限界

科学は冷たく抽象的なものではありません。人間が長年にわたって自然から直接感じ取った経験の産物です。

科学が自然に関する知識であると考えれば、科学に関する発見は、自然環境のプロセスに密接に関わっている人々によってなされることが多いのも当然です(原注14)。すなわち、農民、船員、漁師、鉱山労働者、祈祷治療者など、その生活が自然に直接関係している人々です。今私たちが食べているほとんど全ての植物や動物は、古くからの品種改良の成果です。緩やかな形での遺伝子工学とも言えます。19世紀の植物学者メンデルよりもずっと昔の農民は、遺伝の原理に気付いていました。海洋や潮の満ち引きに関する私たちの知識は、ベンジャミン・フランクリンが「ただの鯨捕り」と呼んでいた人々によって得られたものです。現代医学は、それまで注目してこなかったような従来の情報源以外から知識を得る場合があります。

現代の科学者は、祈祷治療者やシャーマンの行動を理想化して解釈しないように用心しています。というのも、彼らが発見した知識には、本当の科学とともに、占星術から黒魔術に至るまで、非科学的な慣習も含まれているからです。合理主義者は、彼らは自然と自分自身とを分離して考えないので、ものごとを客観的に見ることができないと非難するのです。

シャーマンを非難する客観主義者の考え方は、１６００年代のジェームズ王の顧問として有名な哲学者フランシス・ベーコンによく現れています。ベーコンは、自然がその「子宮」の中に秘密を隠しているので、強制的にその中に侵入して秘密を差し出すように仕向ける必要がある、と考えました。「自然の髪の毛をつかまなければならない（原注15）。……自然を押さえつけて、捕らえ、……自然を征服し、服従させなければならない。」このようにまるで性的暴行を思わせる表現を使って、自然は女性化されたものとして解釈するべきだと主張しました。つまり、その考え方によれば、自然は私たちがその一部として含まれる大きな存在ではなく、「外にある」ものなのです。

科学の重要な革新は（同時に限界でもありますが）、ものごとを小さな要素に分解して考えることです。サイエンス（science）という言葉の最初にあるサイ（sci）は、「分ける」とか「割る」という意味で、ものごとを理解するために分割することです。これは道理にかなっています。過程の一部を取り出して、それについて仮説を考え、実験を行い、何度繰り返しても同じ結果が得られるならば、その知識を他人と共有することができます。この方法によって私たちは、物体に慣性があること、音に速度があること、植物は二酸化炭素を吸収することを発見しました。

このような発見が、非常に限られた分野で役立つことがあります。たとえば抗生物質です。最初は古代エジプトで利用されましたが、その後、実験室で改良されました。これによって、命に関わる感染症が、場合によってはちょっと嫌な病気という程度になりました。抗生物質を手に入れた医師にとっては、あらゆるものが病原菌に見えます。ところが、抗生物質は、有益なバクテリアも殺してしまい、患者の免疫反応を低下させたり、薬剤耐性菌が発達したりします。さらに良くないことは、医療専門家は、特定の症状や病気に的を絞った医薬品や治療方法を開発することによって、利益を独占しようとします。たとえばオリーブの葉エキスのように、特許を取得できないありふれたものが殺菌作用を持っていても、製薬業界の利益になりません。土壌の栄養を高める輪作が化学肥料業界の利益にならないのと同じことです。

当然ながら、科学は、独占企業のためのものではなく、人類全体の利益を追求するものでなければなりません。

78 科学を道徳とともに考える

私たちの常識や体験が、科学の権威者による主張と異なっていることがよくあります。これは問題です。研究者たちが業界に協力して、たばこやコーンシロップの有益性を証明するために政府や企業から補助金を得ているのを見ると、彼らをあまり信用できないような気がします。たとえば、ワクチンを推進する研究者が一般市民からもっと信用されていれば、集団免疫の利点とリスクに関する論理や問題点を多くの人が理解していたはずです。

しかし、科学的な証拠に不信感を抱く人が増えています。ワクチンと自閉スペクトラム症の相関関係は低い、あるいは、人間の活動と気候変動の相関関係は高い、というような話はなかなか理解してもらえません。人々は、科学が大きな見地に立っていないのではないかと考えています。あるいは、政府や企業の利益のために現実の解釈をゆがめているとか、私たちの直感に反する学説を主張しようとしていると考えています。

一方、失業した炭鉱労働者は、太陽光発電パネルを組み立てる訓練を受けたいと思っていません。しかもその会社は、何千マイルも離れた場所にあって、気候変動を警告するベンチャー投資会社が所有していたりします。

しかし、炭鉱労働者は、自分の父や祖父がしてきたのと同じように、自分の足元にある地元の資源を掘り出すことによって価値を創造したいと思っているのです。こうした例からは、環境保護は、実感を得られない、無慈悲な策略、あるいは国際的な陰謀のようにさえ感じられます。そして、知識のある人の説明は、上から目線で、納得できるものではありません。

私たちは、広い範囲にわたる現実の自然、あるいは人間の実感・経験や感情から科学を切り離してしまったので、科学には道徳的な説得力がなくなってしまいました。ここで問題なのは、科学的な研究や技術的な解決策に対して十分にお金がかけられていないことよりも、道徳的な裏付けがないような解決策を科学に期待していることです。

人間と自然が協調する手段としてではなく、自然の力から人間を守るために科学を利用しているとすれば、そのとき道徳という核心部分が忘れられています。人間の生活を活気付ける自然の力とのつながりが失われています。人間の強さを引き出し、ものごとの優先順位を決め、活発な変化を生み出すための、社会、感情、道徳に関する仕組みが弱くなっています。

宗教やナショナリズムなどと同様に、科学は、一方向に時間が進む世界という考えの犠牲になってしまいました。あらゆるものは、原因と結果、以前と以後、主観と客観へと分解されます。この考え方は、ニュートン、その他の物理現象を観察する人にとってはうまく働きました。彼らの理解によれば、ものごとには始めと終わりがあります。宇宙とはグラフ用紙の座標軸を全ての方向に無限に延ばしたものであり、絶対的な尺度を備えていて、天文と地球に関するあらゆる出来事の基礎的な背景、環境です。

物質的な現実にある全てのものは、この環境の中で個別に認識され計測されます。しかし、そのグラフ用紙のような環境は実際には存在しないのです。これは、科学者が世界のさまざまなものや出来事を扱うための便宜的な手段なのです（原注16、17）。ある物体は、空間内のどこか絶対的な位置に存在しているのではありません。その位置は、あちこちに存在する他の物体との関係において決まるものです。

ダンスにおいて、ダンサーたちとその互いの間隔によってのみ空間の存在が明示されるのと同じように、あらゆるものは、他の全てのものとの関係において存在しています。一つのものだけが孤立して存在するのでもありません。

その考え方によって、近代科学以前の人々が経験した、道徳、運命、循環、永遠の世界へ科学を呼び戻すことができます。そこには、究極的には、図形が存在するための背景というものがありません。全てが背景であり、また、全てが図形でもあります。どちらかが主題ではないのです。そして、人間は、どちらからも切り離せないその一部分なのです。

【11章原注】

1 Robert M. Sapolsky, Behave: The Biology of Humans at Our Best and Worst (London: Penguin, 2017).

2 Richard Heinberg, Our Renewable Future: Laying the Path for One Hundred Percent Clean Energy (Washington, DC: Island Press, 2016).

3 John Ikerd, Small Farms Are Real Farms (Greeley, CO: Acres USA, 2008).

Raj Patel, Stuffed and Starved: The Hidden Battle for the World Food System (New York: Melville House, 2012).

Vandana Shiva, Stolen Harvest: The Hijacking of the Global Food Supply (Lexington: University of Kentucky Press, 2015).

4 Steve Drucker, Altered Genes, Twisted Truth: How the Venture to Genetically Engineer Our Food Has Subverted Science, Corrupted Government, and Systematically Deceived the Public (Fairfield, IA: Clear River Press, 2015).

5 Chris Arsenault, "Only 60 Years of Farming Left If Soil Degradation Continues," Scientific American, December 5, 2014.

6 David Wallace-Wells, "The Uninhabitable Earth," New York Magazine, July 9, 2017.

7 David Holmgren and Bill Mollison, Permaculture (Paris: Equilibres d'aujourd'hui, 1990).

8 Rudolf Steiner, Agriculture Course: The Birth of the Biodynamic Method (Forest Row, UK: Rudolf Steiner Press, 2004).

9 Brian Halwell, Eat Here: Reclaiming Homegrown Pleasures in a Global Supermarket (New York: Norton, 2004).

Polyface Farms, http://www.polyfacefarms.com/.

10 Kathryn Schulz, "The Really Big One," New Yorker, July 20, 2015.

11 科学者たちは１９７０年代から地球環境に危機が迫っていると警告してきました。ローマクラブが１９７２年に発表した報告書「成長の限界（The Limits to Growth）」は、地球の再生不能資源を枯渇させずに経済成長を継続することは不可能である、というデータを世界で最初に示したものです。後になってそれが正しいことがわかります。１９９２年には、憂慮する科学者同盟およびノーベル賞受賞者の大部分を含む１７００人以上の科学者が「世界科学者の人類への警告（World Scientists' Warning to Humanity）」を発表しました。この文書では、人類は地球の生態系の許容能力を超えて生態系を利用しており、海洋や森林から土壌や大気に至るまであらゆるものに重大な脅威をもたらしている、ということを事実と数字に基づいて主張しています。憂慮する科学者同盟は、２０１７年に再び警告を発表しました。前回の深刻な予測よりもさらに状況が悪化しており、「大量の生物絶滅」が発生する瀬戸際にあるという結論を出しています。

12 Hal Hershfield, "Future Self-Continuity: How Conceptions of the Future Self Transform Intertemporal Choice," Annals of the New York Academy of Sciences, 1235, no. 1 (October 2011).

13 Adam Brock, Change Here Now: Permaculture Solutions for Personal and Community Transformation (Berkeley: North Atlantic, 2017).

14 Clifford D. Conner, A People's History of Science: Miners, Midwives, and "Low Mechanicks" (New York: Nation Books, 2005).

15 前掲書に同じ。

16 Douglas R. Hofstadter, Gödel, Escher, Bach: An Eternal Golden Braid (New York: Basic Books, 1999).
日本語版　ダグラス・R・ホフスタッター著、野崎昭弘ほか訳『ゲーデル、エッシャー、バッハ―あるいは不思議の環』（白揚社、２００５年）

17 Julian Barbour, The End of Time: The Next Revolution in Physics (New York: Oxford University Press, 2011).

12章　現代ルネサンス

——自分よりも大きな存在との共鳴

79 ルネサンスとは昔を取り戻すこと

デジタルネットワークは、人間に不可欠なつながりを強くするものであり、全てを変えてしまうはずでした。確かにインターネットは革命を起こしました。しかし、それはルネサンス、つまり復興ではありませんでした。

革命家は、古いものを破壊して何か新しいことを始めるかのように振る舞っています。しかし、多くの場合、その革命というのは観覧車のようなものです。本当に入れ替わっているのは観覧車に乗っている人だけで、大きな輪が回る観覧車は元のままです。デジタル革命と言っても、そこに登場したのは、大部分が男性で自由主義を支持する白人の技術者でした。彼らは、自分たちだけが全人類に共通するルールを作り出すことができると考えていました。しかし、インターネットの新興企業やベンチャー資本のルールは、従来の古いルールと同じものでした。そして、今までと同じように不平等な制度や文化的な価値観を支持していました。

一方、ルネサンスとは昔を取り戻すことです。革命と違って、新しさを主張するわけではありません。ルネサンスすなわち復興というのは、その言葉のとおり、昔の考え方を新しい環境に生まれ変わらせることです。革命のような激動はないかもしれませんが、人間の最も根源的な価値観を確実に進歩させます。

デジタル時代を推進する「革命」の情熱が徐々に落ち着いてきて、人々は、その革命の背後にあるネットワークや企業が、人間のつながりや価値観や思考力を弱めていたことに気付き始めています。この気付きは、より大きなことが起ころうとしている可能性を示すものです。

80 ルネサンスの遠近法と比喩

私たちはルネサンスの真っただ中にいるのでしょうか。現在の困難や不安感は、社会が破滅の危機に向かっているのではなく、新しいものを生み出そうとしている兆候でしょうか。生みの苦しみという自然の働きを、破滅だと勘違いしているのでしょうか。

そのことを考える一つの方法として、昔のルネサンス時代の芸術や科学技術における飛躍的な進歩と、今の私たちが目にしている変化とを比較してみましょう。その変化はルネサンス時代と同じようなものでしょうか。

おそらく、ルネサンス期に発明された芸術の技法で最もめざましいものは、遠近法による絵画です。画家たちは、三次元のイメージを二次元の平面的なキャンバス上に描写する方法を生み出しました。今の私たちにとって、これに相当するものは何でしょうか。もしかしたら、時間という第4の次元を平面上に表現できるホログラムかもしれません。あるいは、あたかもその中にいるような映像を体験できるバーチャルリアリティーかもしれません。

ルネサンス時代のヨーロッパの船乗りたちは、世界一周航海をして、地球が平面であるという考えを否定し、領土征服の時代が始まりました。一方、20世紀には、人工衛星を打ち上げて宇宙から見た地球の写真を撮影して、そこから「一つの地球」という考えが生まれ、環境保護や有限な資源という考え方が出てきました。ルネサンス期には、初めて詩に何かを表現するために他の何かを使うという、つまり比喩を取り入れたソネットが考案されました。今の私たちは、デジタル文書とデジタル文書をリンクさせて自由に他の文書を参照できる、つまりあらゆるものが比喩になったハイパーテキストを手に入れました。ルネサンス時代には、当時の新しいメディアも生まれました。印刷機によって、文字を多くの人に届けられるようになりました。現代の私たちには、コンピューターとインターネットがあります。これによって、あらゆる人が情報を発信する能力を手に入れました。

最も重要なことは、ルネサンスには次元の飛躍があるということです。平面から球体へ、二次元から三次元へ、物から比喩へ、比喩からハイパーリンクへ、上から一方的に下りてくるものから対等な横のつながりへと変化しました。14～16世紀のルネサンスでは、絵画が平面的な世界から、遠近感と奥行きがある世界へ移行しました。今の私たちのルネサンスは、物の世界から、つながりとパターンの世界へ移行するのかもしれません。そんなふうに考えると、この世界は、部分が全体を代表するフラクタル図形だと考えることができます。全てのものがより大きなシステムの一部になっているので、孤立することも他人任せになることもありません。

比喩、ハイパーリンク、フラクタル図形の部分と全体……類似したものが多数存在している、そこから私たちのルネサンスが生まれそうです。

フラクタル図形

同一の図形（この場合三角形）が大きさを違え無数に集まって三角形を形づくっている。

Beojan Stanislaus/CC BY-SA 3.0

81 過去の価値観を取り戻す

革命とルネサンスの違いは、「単なる理由」づけと「大きな理由」の違い（２１２ページ参照）と言ってもよいでしょう。失われていた貴重な価値の回復を伴わないルネサンスは、革命と同じです。

デジタル時代を最初に利用した個人や組織は、この技術革新によって取り戻すことができたはずの根本的な価値を無視してしまいました。彼らは、子供っぽい考えで、自分たちが全く新しいことをしていると思っていました。既存の秩序を破壊して、より優れた新しいものや新しい人で置き換えたつもりになっていました。しかしデジタル技術の初期の創業者たちは、ウォール街の株価表示板の古い企業名を新しい企業名に入れ替えただけであり、また、その表示方法が紙テープからＬＥＤに変わっただけでした。

デジタル革命は、見かけだけの衛兵交代の儀式にすぎません。この技術革新が独創的だと信じることをやめれば、私たちは思い込みから解放されて、世界を動かす潮の満ち引きのパターンに気付くことができます。

たとえば、14世紀～16世紀のルネサンスは、古代ギリシャや古代ローマの価値観を取り戻しました。これは、当時の哲学、美学、建築に影響しただけでなく、社会の課題にも影響を及ぼしました。中央通貨の制度は、中央の権威、民族国家、植民地主義にはよく合うものでしたが、これらの価値観は、ローマ帝国の衰退とともに失われていました。ルネサンスは、君主制、経済、植民地主義、科学技術を通じて、結果的にこのようなローマ時代の理想像を取り戻したのです。

では、今のルネサンスで取り戻すものは何でしょうか。それは前回のルネサンスで失われた、あるいは抑圧されるようになった、より以前の価値観です。環境に配慮すること、女性の権利、互いに対等な立場の経済、地域主義です。科学に対する態度は、過度に合理化された他人行儀なものになっていましたが、現代になってそこに全体論と連帯感が復活してきました。ルネサンス時代のトップダウン的な経済援助に代わって、それぞれが対等な立場であるネットワークやクラウドファンディングが登場して、相互扶助の精神とコミュニティーの一体感が取り戻されました。このような活動に関連するスタイルや文化、たとえば、バーニングマン（訳注　ヒッピー文化と関連の深い、アメリカの巨大アートイベント）、クラフトビール、ピアス、ハーブドリンクなどは、ルネサンスによって抑圧された、人間的かつ中世的な感覚を取り戻すものとして考えることもできます。

ルネサンスは、過去に戻るということではありません。流血、封建制、路上での剣による戦いのあった中世に戻るのではありません。昔の時代の概念や価値観を進歩させて、新しい形に作り直すのです。取り戻すというのは、一方向だけに直線的に進むのではない、ということです。はしごではなく、らせん階段のように、同じパターンを繰り返しながら上昇し続けるのです。取り戻すことによって、私たちは近代以前の文化の知識を改めて経験できます。完全に新しいというものは存在せず、あらゆるものが復活して再生される状態です。

デジタル技術によって取り戻された貴重な価値観について、私たちはあまり気付いていません。現在の権力者たちは、それに付け込んで、今のルネサンスを新しいものを喜ぶだけのただの革命に弱めてしまっています。カウンターカルチャーが、若者向けに詰め合わせセットになってショッピングセンターで売られているのと同じように、新しい変革を生む可能性を持った話が、昔ながらのゲームで勝とうとする人々に悪用されています。１９６０年代のビー・イン（訳注　ヒッピーの集会）やフリーラブコミューンは、容易にセックスできる文化の開放性を悪用しようとする好色な男たちに付け込まれました。１９９０年代におけるインターネットの知的可能性は、新しい金もうけの話を投資家へ売り込もうとする証券業者に不当に利用されました。２０００年代の、ソーシャルメディアによってつながりを生み出すという画期的な可能性は、個人情報の監視やデータマイニング、利用者支配を通じて即座に利益を得ようとする企てに敗北しました。2010年代のオープンソース、カーシェアリングやコワーキングに代表される共有経済の試みは、ベンチャー資本家に批判されましたが、彼らはその同じ原理を使って、ライドシェア（訳注　自動車の相乗り）や食品宅配サービスなど、明らかに搾り取るための新しいプラットフォームを作りました。

私たちの変化への期待を悪用する人々がいるせいで、新しいルネサンスの可能性は消えてしまいました。技術革新は、目先の利益を得るための手段として利用されています。取り戻した価値観は、無視されるか、強引に捨てられています。

価値観を取り戻すことが重要です。取り戻さなければ、私たちの仕事や技術革新は、既存の抑圧的なシステムのための研究開発の材料になってしまいます。本来、新しい技術が出現しても、それが商業的に利用されるようになるまでには、ある程度の時間がかかります。もともと商業利用のために生み出されたものではないはずだからです。

したがって、取り戻されるものが何であるかを考える必要があります。取り戻すというのは、単に私たちを古いものに結び付けるだけではなく、過去には存在していた人間の根源的な目的意識や価値観と私たちを結び付けることでもあります。その衝動は保守的なものですが、結び付けることによって人間の基本的な価値観が進歩したとき、私たち人間は次の段階の新しい環境に進むことができるのです。

82「個人」によって資本主義が生まれた

ルネサンス時代に取り戻された人間的な価値観の中で、現在最も軽視されているものは、「個人」という神話です（原注1）。レオナルド・ダ・ビンチの有名な『ウィトルウィウス的人体図』は、１４９０年ごろの作品で、完璧な比率の男性の身体を円と正方形の中に描いたものです。これは、古代ローマの建築家ウィトルウィウスの理想的な幾何学的条件に基づいています。人体は、宇宙の姿の完全な相似形として称賛されました。

この時代のほぼ全ての技術革新は、何らかの形で「個人」の存在を取り戻すものです。印刷機は（自分の説教が軽んじられることになった僧侶にとっては不満なものですが）、多くの人に聖書を行き渡らせ、神の言葉を自分で解釈する機会を与えました。そこから、プロテスタントの宗教改革や、個人の救済、神との個人的な関係といった考えの深化につながっていきました。本を読むことは、完全に個人的な行いです。自分の書斎で聖書を読むルネサンス時

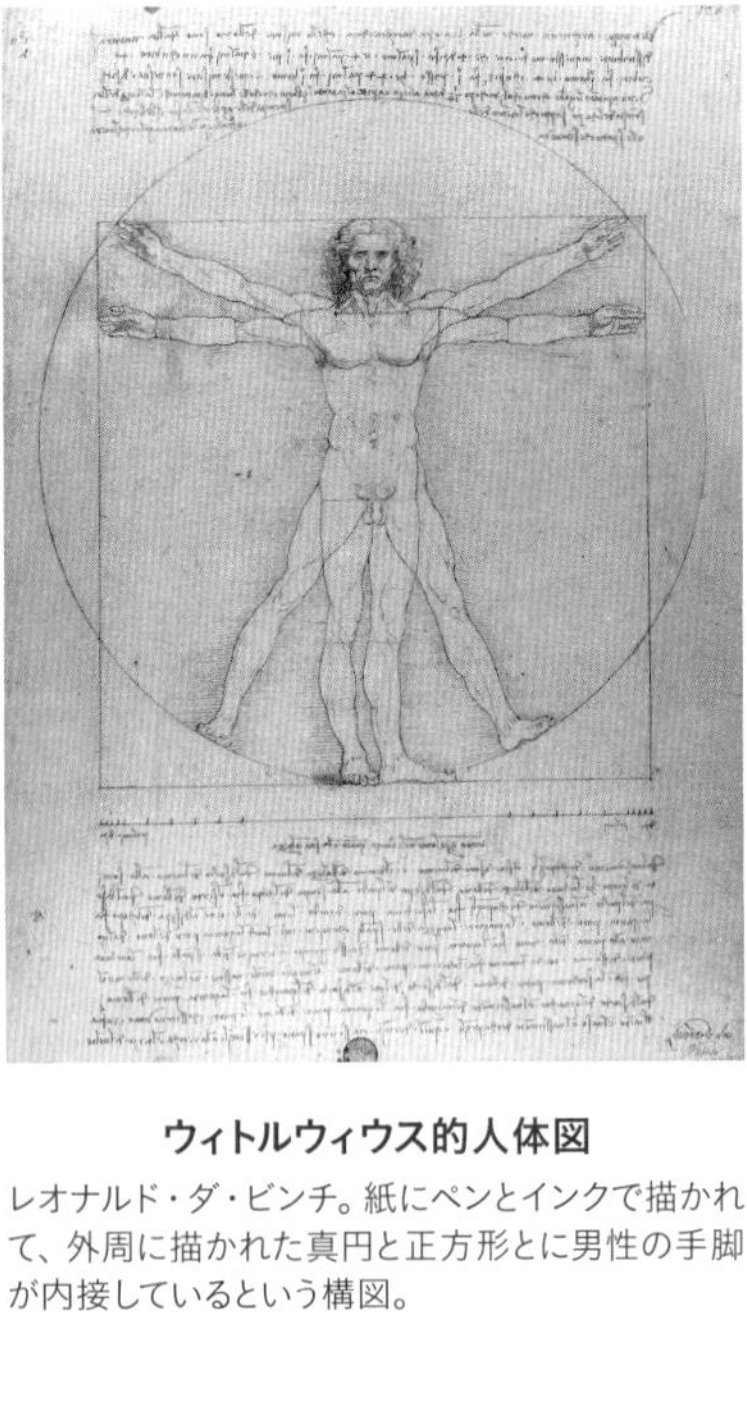

ウィトルウィウス的人体図

レオナルド・ダ・ビンチ。紙にペンとインクで描かれて、外周に描かれた真円と正方形とに男性の手脚が内接しているという構図。

代の紳士は、古代ギリシャの市民のイメージを復活させました。そのイメージとは、奴隷を所有する白人が、自分は独立した個人として民主主義の原理に従って生活していると思い込んでいる姿です。

遠近法による絵画も、個人の視点を強調するとともに、その作品がどのように見られることが望ましいかを示しています。また、ルネサンス時代の戯曲や叙事詩は、古代ギリシャの劇や詩に出てくる悲劇的なヒーローを復活させました。クリストファー・マーロウによる戯曲『フォースタス博士』（1592年初演）の登場人物は、ドイツのファウスト伝説に基づき、ルネサンスにおける個人の理想像を最初に具体化したものと言われています（原注2）。この登場人物は、独学で出世した人で、個人的な実験を通じて世界について学びました。しかし、同時に自我に対する思い入れが行き過ぎるとどうなるかを象徴しています。彼は、悪魔メフィストフェレスと取引して全てにわたる知識を手に入れます。そして社会のつながりよりも、細分化された自己利益を優先して追求します。

マーロウは、当時の社会の新しい状況に直面していました。ルネサンス時代になって初めて、人にはそれぞれ自分個人の生活、苦労、運命があること、その個人の利害は公共の利益との比較において評価するべきであることが知られてきたのです。これによって啓蒙思想、人権の尊重、民主主義が起こりました。全て明らかに有益な進歩です。

個人の要求と社会全体の要求が釣り合っていれば、バランスが保たれます。しかし、人々が生存と支配権を求めて利己的に競い合う場合には、混乱が発生します。これは、同じルネサンスで行われた経済改革と全く同じことです。取引のための単なるしるし、つまり交換の手段である通貨は、中央通貨という制度によって、手に入れにくい生活必需品に変えられてしまいました。職人や共有地を利用していた農民は、ルネサンス時代の公認独占企業によって、その日の仕事を求めて競い合う使い捨ての雇われ労働者になりました。

個人という神話の復活によって資本主義が生まれ、それが今日まで続いています。経済学者は、人間が完全に合理的な個人として自己の利益に基づいて行動するはずだという、誤った前提に基づいて市場のモデルを考えました。また、企業は、人々がそれぞれ個別の消費者であるという意識を強く持てば、消費を刺激できることを学びました。一人で自動車を運転すればよいのに、どうして友達と一緒に電車に乗っているのですか？　自分の芝刈り機を買えるのに、どうしてお隣の芝刈り機を借りるのですか？　土地を区切る柵のない広々とした郊外の家はどうですか？

個人というものが全く自分の利益を優先する存在であり、ダーウィン的な適者生存に従っているとする資本主義の考え方は、現在の社会の進歩や神経生物学の成果と対立するものです。つまり、個人の要求と社会の要求とのバランスが崩れてしまっているのです。ここで、集団としての人間が持つ力を意識的に取り戻さなければ、個性の追求を誤った方向に利用しようとする人々から自分を守ることができません。

83　集団～個人～さらなる飛躍へ

14世紀でも、現代でも、ルネサンスの時代に生きる利点は、前回に失ったものを取り戻せることです。中世のヨーロッパにおいて、個人という古代ギリシャの考えを取り戻したのと同じように、今の私たちは、さらに古い時代に存在した、集団という考えを取り戻すことができます。社会的なつながりを促進するための物の見方、行動、制度を取り戻すことができます。

変革だけではものごとが進みません。だからと言って、前回のルネサンスで取り戻したもの、科学、秩序、支配、中央集権、さらには個人を優先する考えを全て否定してもうまくいきません。個人主義と対立する考え、あるいは補い合う考えを含めて受け入れるべきです。前回のルネサンスが理想としていた姿は、そこに不足している考えまでも含めた全体なのです。

ものごとに対する私たちの考え方は、時とともにある立場から別の立場へと変わっていきます。元のルネサンスでは、部族から個人へと変わりました。今のルネサンスでは、個人主義から何か別のものへ移行しようとしています。無意識のうちに構築された昔のコミュニティーよりも、広い範囲の人々が参加できる集団としての感覚が生まれようとしています。そこに行きつくためには、一度、個人主義という段階を経由しなければならなかったのでしょう。

子供は、他人とのつながりによって有意義な人間関係や親密な交流を築く前に、自我が確立した個人として、親から離れてものごとを経験するようにならなければなりません。同じように、人間は背景から外に出て、自分が図形になる必要がありました。つまり、自分自身の物語の主人公になるということでした。ここには次元の飛躍があります。単なる集合的な大きなかたまりから、複雑に絡み合った独自性を持つ自立した個人になりました。そして、今こそ、さらにもう一段の飛躍をする時です。

84 フラクタル図形

このような集団としての感覚を表現する良い言葉がまだありません。個人と社会との関係は、完全に一致することはなく、やむを得ない妥協が必要だと言われてきました。私たちは、多くの人々のために、自分の個人的な目標を犠牲にしなければならないと教えられています。しかし、それがゼロサムではない、あれかこれかの二者択一ではない、としたらどうでしょうか。人間は、矛盾するように思われることを受け入れる能力を持っています。私たちは、矛盾を通り抜けて、その裏側にある力強い感覚を見つけることができます（原注3）。

私たちが今回取り戻したこの集団的な感覚は、同時に私たちが主人公＝図形でもあり環境＝背景でもあるための手段だと考えられます（62ページ参照）。これはバーニングマンが目指した理想的な芸術のコミュニティーです。「ウォール街を占拠せよ」運動（訳注　アメリカで２０１１年に始まり世界に広がった、格差に反対する社会運動、２５２ページ参照）の特徴である合意による運営です。オープンソースやブロックチェーン活動が目指した分散型経済です。他にも多くの例があります。

これらの運動は、人間が「全体の姿は部分に似ている」というフラクタル図形的なものを快適に感じることに基づいています。フラクタルとは、システムの小さい一部分が同じ形を繰り返すことによって細部と相似的な全体を構成しているものです。シダの葉の中にある葉脈の構造が、枝、木、さらには森全体の構造と似ているのと同じように、ある個人の思考や意思は、人間全体としての生命体の意識を反映しています。個人という概念を体感するためには、個人が全体を反映していること、そして、自分自身よりも大きな存在と共鳴していることを認識する必要があります。

【12章原注】

1 Jacob Burckhardt, The Civilization of the Renaissance in Italy (New York: Penguin, 1990). 日本語版あり下記
ブルクハルトによる1860年の古典的名著では、ルネサンス以前は「人間は自己を種族、民族、党派、団体、家族（の一要素）として、あるいはその他何かある普遍的なものとして認識していたにすぎなかった」（ヤーコプ・ブルクハルト著、新井靖一訳『イタリア・ルネサンスの文化』（筑摩書房、2007年）より引用）と述べています。

2 Clarence Green, "Doctor Faustus: Tragedy of Individualism," Science and Society 10, no. 3 (Summer 1946).
『フォースタス博士』には複数の日本語版がある。C・マーロウ著、細川泉二郎訳『フォースタス博士の悲話』（愛育社、1948年）など

3 Robert Nisbet, The Quest for Community: A Study in the Ethics of Order and Freedom (Wilmington, DE: Intercollegiate Studies Institute, 2010).

13章　組織化——チームヒューマンに参加する

85 集団を取り戻す

現在、何らかのコミュニティーやつながりを取り戻そうとしている人々は、それ以外の方法もあることを十分に分かった上で活動しています。集団を取り戻そうとしているのは、偶然の結果ではなく、自ら進んでそうすることを選んでいるのです。集団を取り戻せば、草の根のつながり、下からの政治運営、協同組合的な事業の力を利用することができます。さらに、私たちを支配しようとする力に対して抵抗したり元の状態に回復したりする力を持つ社会を構築できます。

初期のインターネット愛好者たちは、商業主義に反対するという当時のネットワークの考え方が、その生まれて間もないネットワーク文化の人間的な価値をも守っていたことに気付いていませんでした。レイブパーティーの参加者は、その熱狂的な儀式の本当の力を理解していませんでした。それは、パーティー会場となる公共の空間を取り戻すことでした。「ウォール街を占拠せよ」運動のメンバーたちは、その本拠地であるニューヨークのズコッティ公園から退去させられたとき、本当の勝利が何だったのかを認識していませんでした。それは、活動家にとって新しい規範となる行動、合意に基

「ウォール街を占拠せよ」運動

2011年9月17日からニューヨーク市マンハッタン区のウォール街において発生した、アメリカ経済界、政界に対する一連の抗議運動。

づくデモの管理運営方法にあったのです。

同様に、初期の共同体集団のメンバーは、連帯というものが持つ本当の力に気付いてきませんでした。彼らは、意図的に集団主義者になったのではなく、また、生まれつきそうだったのでもありません。あるグループのメンバーは、みんな同じことを考える傾向があるというだけです。彼らの職業は、多種多様で特に専門的なものでもありませんが、住む場所、ニーズ、世界観が同じであることによって、必然的に結びついていたのです。

逆説的とも言えますが、さまざまな視点、異なる意見、それぞれに専門化した能力、競合するニーズを持つ個人としての人間が意識されるようになって初めて、集団というものが積極的な在り方として理解されました。チームヒューマンのメンバーになるという前向きの決断こそ、私たちが自分自身の立場を主張する力と手段を手に入れる方法なのです。

86 小さいものから大きなものへ

連帯感は、場所から始まります。

主流メディアが感情的に取り上げる問題は注目を集めますが、そのような問題は、抽象的で、人々の対立を招き、人々の実体験に結びついていない傾向があります。2015年に報じられた「クリントン前アメリカ国務長官、私用サーバーから全メールを削除」といったニュースは、実際の人々にはほとんど影響がありません。水道に有害化学物質が混入したのか、学校の予算が十分か、高齢者が昼間に出掛ける場所があるか、という話の方が重要です。

政治が本当に地域に根付いたものであれば、アメリカのケーブルテレビのように特定政党への支持によって問題がゆがめて伝えられるということはないでしょう。遠く離れた国の農地再編成やリサイクル方針変更は、視聴率を重視する大手報道機関の全国ニュースで関心を持たれることはありません。ごくたまに自分の地域の問題が全国ニュースで取り上げられると、その話を直接知っている私たちは、画面に映っていることと現実との相違に驚くばかりです。ましてや全国ニュースは全てゆがめられています。でも、私たちにはそれを判断する手段がありません。

チームヒューマンは、国の、そして世界の政治に参加します。下から上へ、小さいものから大きいものへ、地域から国へ、そしてその先へ進みます。大きな原理に導かれていますが、その原理は、地域で生活することによって直接に得られたものであり、ラジオのトーク番組を聞いて分かるものではありません。

それは容易ではありません。生活全般にわたる地域で起こる論争は、思ったよりも難しいものです。しかし、市民集会での激しい議論であっても、その論争が終わった後、私たちが一緒に、平和に生活しなければならないと分かっていれば、激しさも和らぐでしょう。ある場所に住んでいるということは、簡単には生活を別のチャンネルに切り替えたり、隣人を取り換えたりできないということです。あらゆることが回り回って自分に戻ってきます。

87 人の顔を見る

世界的なつながりであっても、そのきっかけは、ある場所で局所的に作られるものです。外交訪問の最も重要な部分は、最後に両方の当事者を対面させることです。直接顔を合わせることによって、敵かもしれない相手の人間性を互いに実感できるからです。

これは、中東での戦争の当事者同士による有名なオスロ合意（訳注　１９９３年にイスラエルとパレスチナ解放機構の間で同意された協定）を生み出した外交の理論（原注１）です。この合意は、調印者の一人が自国の過激派によって暗殺されたせいで（訳注　１９９５年、イスラエルのラビン首相は和平反対派のユダヤ人青年によって暗殺された）、うまく進みませんでした。過激派がそのような反社会的行動をとるのは、宗教的狂信のせいだけではありません。他の人々から遠く離れてしまった人は、自分のイデオロギーの方が人間よりも重要だと考えて、反人間的な行動をとることになるのです。

市民外交とは、要するに、ある国の人々が外国で自国の代表として行く観光旅行のようなものです。これは、長年にわたって、国際関係を改善するための最も有効な手段だと考えられてきました（原注２）。市民ではなく偉い政治家が外国を訪問するのは、一種のプロパガンダ（政治宣伝）です。プロパガンダは、市民を操作しようとするものです。政治家の間でさらに争いを引き起こします。これに対して、市民外交は自らの行動によるものです。直接に面と向かって実例を示します。

オスロ合意

調印後に握手をするイスラエル・ラビン首相とPLOアラファト議長。中央は仲介したビル・クリントン米大統領。

対立を招くのではなく、相互理解をもたらします。

味方と敵であっても、顔を合わせれば、人間が進化によって得た人間関係を作る能力を発揮できます（原注3）。実際に対話することができれば、署名した政治的文書よりも、人間としての共通の行動指針がはるかに重みを増します。これは、弱点ではなく強みなのです。

88 話に耳を傾けよう

一人で全てのことができるわけではありません。議会制民主主義は、自分の代わりに意見を主張してくれる他人を選ぶものです。その代理人である議員は、他の利害関係者を代表する議員と顔を合わせて話し合います。

民主的なプロセスを巨大メディアやインターネット企業に委ねていると、人間関係という力も場所とのつながりも失ってしまいます。互いを人間として見なくなって、非人道的な振る舞いや投票行動をするようになります。

ソーシャルメディアのプラットフォームが特定のメッセージをニュースとして流すことによって、人々に投票させたりさせなかったりできる、という実験結果が何度も出ています（原注4）。そのプラットフォームを持つ同じ企業が投票行動を予測する能力を使えば、有権者の行動を操作することによって、民主主義の基盤を揺るがす強力な道具となります。そうなれば、フェイクニュースは別に必要ありません。

そのような道具がいつできるのか、あるいは、他の手法が使われるようになるのか、私たちには分かりません。

ソーシャルメディアのプラットフォームには、「顔」がないので、その表情から彼らのウソを見破ることができません。彼らは私たちを見ていますが、私たちには彼らが見えません。この仮想空間では、他の人々の本当の顔を見ることができません。顔が見えなければ、互いに助け合うことや人と人のつながりという本能的な衝動は起きません。

他人との接触がなければ、孤独と怒りを感じるようになります。そうすると、怒りをあおって人間の反社会的な性質を引き出そうとする扇動的な政治家の餌食になってしまいます。反対する人々はダメな連中、負け犬だと思うようになります。

誰かと意見が食い違うのは、何も悪いことではありません。しかし、反対の意見を持つ人と出会うことは、みんなが共通の人間性を備えているという大きな背景の中で理解しなければなりません。すなわち、人との出会いは、人間と人間、私とあなたという関係であり(原注5)、出会いそのものが重要な出来事なのです。他人の意見や立場は、それがひどいものであっても、また、歴史や強欲、戦争や抑圧によってゆがめられたものだとしても、何らかの人間的な感覚から生じたものです。その中にある人間性を発見し、その人間性と共鳴し、そこから本質的な真実を取り出すためには、敵対する人も人間として扱って、その話に耳を傾けなければなりません。

彼らは人間です。少なくとも今のところは。

89 力は正義ではない

全ての人が、チームヒューマンに参加するべきなのでしょうか。社会と関わりたくない人に、社会が手を差し伸べるためにはどうすればよいのでしょうか。

最大限の人間性をもって話に耳を傾ければ、たいていの相手が心の底から暴力的なのではなく、また、どうしようもないほど卑劣というわけではないことに気付くでしょう。全ての人が人間性を失っていると考えるよりも、相手の不安を理解して共通の目標に向かって一緒に進むほうが、はるかに建設的です。相手の感情が破壊的な行動に変化する前に、その感情の論理に奥深く立ち入って、共感できる何かを見つけるのです。

寛容かつ包容力のある文化を認めようとしない人々は、自分の立場が非人間的とか差別的だとは思っているわけではありません。彼らは、世界の歴史は支配のための競争だと見ていて、無意識であっても、自分たちの人種や文化が正当な勝者だと考えています。ヨーロッパの白人国家による侵略的な植民地拡大について、一部の人は、それが成長であり文明の普及だったと思っています。力は正義ということになります。つまり、彼らの考え方によれば、植民地となった側の文化や価値観や言語を守ろうとする人々は、失敗した方法を蒸し返して、それを子供に教え、この社会をダメにしようとしていることになります。彼らにとっては、負けた側の文化は教える価値がないのです。

あるシリコンバレーの億万長者は、世界の終末に備えて防護シェルターをニュージーランドに用意しています。この人は勝利者の論理でそのような避難計画を正当化しています。自分は勝利者だから、頭が良くて裕福な技術者は生き延びることが許される、と言うのです。これは、先ほどの排外思想をデジタル的に強化した大げさなゼロサム版です。

このような物の見方にどう対処すればよいのでしょうか。まず、彼らが避けようとしている弱点を見つけることです。自由市場の熱狂的支持者、人種差別的な暴れ者、技術エリートは、自然環境とは過酷な競争だと思っています。ジャングルです。自然における共同的なネットワークにも、やはり他の生物を捕まえて食べる動物がいます。そのような環境では自分の防御を手薄にすれば、攻撃に弱くなります。その不安が彼らの弱点です。

そのような考え方がどこから出てきたのかを理解すれば、私たちはその不安に共感し、暗くて恐ろしい場所に一緒について行って、彼らと共により良い方法を見つけることができます。私たち人間は、競争相手に対して、暴力でも撤退でもない解決策を提供します。たしかに、自然は潜在的に残酷な場所ですが、自然はその残酷さを意識しているわけではありません。チーターは、他の動物を襲うときに、残酷なことをしようと思っているわけではありません。竜巻が町を破壊するときに、残酷なことをしようと思っていないのと同じです。自然環境が残酷だと考えるのは人間だけです。私たちは、被害を受けた人々を援助し、将来の被害者を守るための対策を講じます。これは、おそらく人間だけが備えている能力であり、種としての意図なのでしょう。私たち人間は、自然環境における良心であり、全力を尽くして自然環境をより人道的なものにしようとしているのです。

そんな行動ができるのは、人間が弱いからではありません。これは、強さの印です。支配力を示すために他人を攻撃するリーダーは、他人と平和に共存できるリーダーよりも弱いと言えます。国民を監視して支配する政府は、国民を自由に行動させる政府よりも権力が不安定です。世界の終末用のシェルターを用意している技術者は、災害を防ぐために働いている技術者と比べて、能力に自信がないのです。人種や階級によって他人を追い出そうとする人は、誰でも受け入れる人と比べて、自分の正当性や能力に不安があります。

同様に、不寛容という仮面に隠れて人間を見ようとしていない人は、人間を見ることができる人よりも弱いのです。

90 一緒に呼吸する

意見が異なる人は、本当の脅威ではありません。チームヒューマンにとって最大の脅威は、人間を相互に分断し、また、人間を自然界から切り離そうとする考え方、影響力、制度です。私たちの新しいルネサンスは、人間と人間のつながり、そして人間と場所とのつながりを生み出すものを取り戻すことです。

人間による最も大きな生命体としての集団は都市です。資源、共有地、市場の周囲に形成された都市は、人々によって成長しています。人間が自然に融合して、サンゴ礁やアリ塚のように集合的な生命体としての性質を持つようになります。

ルネサンス時代には、人々の集団である都市国家は、政治的に作られた「国民国家」という形に変わりました。都市から国家への移行によって、人々はコミュニティーの一員から国家の国民に変わりました。資源や利益は、最初は君主に、その後は企業に集中するようになり、地域ごとの通貨や循環経済を含めて、地域性が失われました。

地元での人間同士のつながりや連帯感、その地域の人々の関心事は、大規模で抽象的で民主的な手続きに取って代わられました。民主的な手続きと言っても、人間のニーズを示すというよりも、企業のブランドに対する好き嫌いのようなものです。人間は、協力を通じて連帯感を示す集団ではなく、個別に隔離された投票所で自分の好みを投票するだけの個人になってしまいました。

これと同じ事態が今日でも起こっています。イギリスの東インド会社やヨーロッパの植民地帝国、さらには現代の多国籍企業が世界中の地域共同体の人々にしてきたことを、今のデジタル企業が私たちに行っています。デジタル企業は、さまざまな手段を使って、私たちがよって立つ基盤、生活しているコミュニティー、一緒に協力しようとする人々と、私たち個人の間を分断しています。協力するという意味の英語 conspire（コンスパイア）の語源は、「一緒に呼吸する」ということです。実際に現実世界では、人々の集団が集まって同じ空気を呼吸しながら協力しています。

だからこそ、その協力が行われる場所、すなわち、確固たる大地、都市、物理的なコミュニティーを取り戻さなければなりません。私たちはこの場所で生まれ育ってきたのですから、ホームグラウンドでプレーするゲームの有利さがあるのです。

91 ルールを作り替える

ホームグラウンドでのゲームの有利さを保つというのは、現実世界にとどまるということです。しかし、本当に現実世界にとどまることが困難な場合もあります。

私たちは、世界に元から存在する状態だと思い込んでいるにすぎないものと、本来の自然界とを区別することを学ばなければなりません。貨幣、借金、仕事、奴隷、国家、人種、企業、株式市場、ブランド、宗教、政府、税金は、全て人間が発明したルールです。人間が作り出したものですが、今の私たちは、変えることのできない環境のように思っています。チームヒューマンとしてプレーするためには、私たちが変えられるものと変えられないものを区別できるようになる必要があります。

それは、子供がテレビゲームに熟達する過程に似ています。子供たちは、最初は何となくゲームのルールに従ってプレーします。ルールを読まずにゲームを始めるかもしれません。そして、できるところまでは、自分だけで上達していきます。

ゲームに行き詰まったときには、どうするでしょうか。ある人は、そこでゲームをやめてしまいます。もしかすると、自分でプレーするのをやめてプロゲーマーによる大会の観客になるかもしれません。しかし、自分で次の段階に進みたいと思う人は、インターネットで検索して、攻略法、プレー動画、隠しコマンドを見つけます。次のレベルに容易に進めるようにするのに必要な、無限に使える弾丸や追加のバリヤーを得るための秘策です。こうして単なるプレーヤーではなく、本来のゲームの制約から外れたところでプレーする人になります。この段階に達すると、元のルールから外れることができるのです。

最後まで到達してさらにその先を求めるプレーヤーのために、ゲームを改変してオリジナルのゲームを作る機能が公開されていることがよくあります。プレーヤーは、新しい障害物のある次のステージを作成したり、あるいは城の中の地下室を学校の廊下に作り替えたりできます。プレーヤーは、ルールを無視するプレーヤーからゲーム作者へと進歩できるのです。しかし、この場合でも、ゲームの基本的な前提条件やオペレーティングシステムは、そのまま受け入れなければなりません。

彼らは、新しく作ったステージをゲームサイトにアップロードして、他の熱心なファンがそれをダウンロードします。最も人気のあるステージを作った人は、ゲーム会社から依頼されて全く新しいゲームを作るようになることもあります。ゲーム作者のレベルを超えてプログラマーになり、彼らが新しいルールを作る立場になります。

テレビゲームのプレーヤーからルールを無視するプレーヤー、ゲーム作者、さらにプログラマーへと進む段階の変化は、文明において私たちが経験したことに似ています。文字ができる以前の人間は、法律を受け入れるだけの立場でした。次に、文字を読めるようになると、法律を解釈する能力を手に入れました。印刷機が発明されると、自分の意見を他人と共有できるようになりました。そしてプログラミングが生まれると、新しいルールを作るチャンスができました。

デジタルメディア環境で生活していれば、少なくとも、身の回りにあるプログラミングを意識するようになるはずです。都市近郊での生活環境が、孤立を通じた社会統制の実験だと認識できるようになります。企業中心の社会は、草の根から得られる成功を阻むものだということが分かります。デジタル環境を知り、企業は人間が作った制度であることを思い出せば、人々のつながりに役立つように企業を作り直すためのきっかけになります。

チームヒューマンは、組織化することができます。抗議のデモを実施し、選挙による政治に参加し、話し合いのための新しいプラットフォームを開発し、目的を持って自然界と関わり、有害になってしまった制度を改革したり、より良いものに変更できます。

デジタル時代に手に入れるべきものは、新しいソフトウェアではなく、ルールを変える権利です。デジタルという言葉の語源は、人間の手の指です。デジタルを人間の手に取り戻すことによって、人々のためになるように世界を作り直す実践的な手段が得られます。

参加できるならば、参加しましょう。参加できないならば、ルールを変えましょう。

【13章原注】

1 J. T. Rogers, Oslo: A Play (New York: Theater Communications Group, 2017).

2 Nancy Snow, Information War: American Propaganda, Free Speech, and Opinion Control Since 9/11 (New York: Seven Stories, 2003).

3 Arthur C. Brooks, "Empathize with Your Political Foe," New York Times, January 21, 2018.

4 Robert M. Bond et al., "A 61-million-person experiment in social influence and political mobilization," Nature 489 (September 13, 2012).

5 Martin Buber, I and Thou (New York: Scribner, 1958).
日本語版　マルティン・ブーバー著、植田重雄訳『我と汝・対話』(岩波文庫、1979年)

14章　あなたは一人ではない

――私はここにいます

92 人間的な価値観を

機械が自動的に行うことに対して、人間が手を加えて修正することができます。それは、進歩を拒んでいるのではありません。あらゆる結果を当然のものとして受け入れてしまうことを拒んでいるのです。

チームヒューマンは、技術を拒んでいません。人工知能、クローン技術、遺伝子工学、仮想現実、ロボット、ナノテクノロジー、身体改造、宇宙移民、自分で判断する機械。全て何らかの形で実現しそうです。しかし、このような開発には人間的な価値観が必ず織り込まれるべきであることを、私たちははっきりと主張しなければなりません。

これらの発明が状況を一変させる前の世界を知っている私たちには、置き去りにされた価値観を思い出し、それを取り戻す義務があります。

93 技術ではない手段

愛、つながり、正義、平等な繁栄といった価値観の理想像は、絵空事ではありません。私たちがそれに共感する能力を失っただけです。

昔、価値観は、人間社会に意義と方向性を与えるものでした。今では、データが人間社会に方向性を与えています。壮大な理想は、単なる人から人へ伝わる情報、ミームに成り下がりました。人間の存在に関わる本質的な真実を追求するのではなく、多数の意見に追随して、最大の利益を生むために欲望を刺激しています。消費をベースにした民主主義は、人間としての高度な価値観を表現できません。それは、数量の測定にすぎないのです。最近のスマートフォンの売上高も、最近の独裁的な指導者の得票数も、本当に役立つものではありません。

人間全体の目標を表明して実行するためには、別の手段が必要です。

94 人間にしかできないこと

プログラマーは、世界が困っているのは、悪いソフトウェアのせいだと思っています。より良いプログラムを作れば、人々が幸福になると思っています。しかし、そのような急場しのぎの方法では、小さな問題にしか対応できません。道具による解決は、より広い範囲の人間的な事情を考慮していません。短期的には最大の効率が得られるかもしれませんが、そのコストを他の誰かに、あるいは他の場所に押し付けています。

たとえば、普遍的な正義のように高度な人間の価値観を追求することは、科学技術の役割ではありません。人間としてお互いを尊重しない、あるいはこの世界そのものを尊重しないという、人類に広がっている基本的な問題については、ブロックチェーンやロボットでは対応できません。

人間の価値観をコンピュータープログラムで表現しようとするのではなく、言葉では理解できない人間自身の能力を利用するべきです。あいまいさを扱ったり、本質を捉えたり、他人と協力する人間の能力を活用するのです。

95 自主性と帰属意識

人間共通の価値観を重視する社会は、自治的または分散型の組織のようなものです。追従するべきリーダーも、私たちに命令するプログラムもなく、みんなが共通の理想に向かって進みます。

このような理想は、数値で測れませんし、技術を使って実現できるものでもありません。人間全体の利益に対する当事者意識と責任感から生まれてくるものです。

協同組合は、この感覚を実現するのに役に立ちます。そこで働く人は、事業に対する利害関係者でもあります。自主的な個人の集団であり、互いに補い合う世界観を持ち、同じ目標に向かって仕事をしています。共通の価値観によって集団の力が向かう方向がはっきりします。また、共通の価値観は、集団全体の意思を決定するための道徳的な基準になります。

協同組合は、自立して協力する大人による社会のモデルでもあります。真に自立した個人で構成されるコミュニティーは、一人一人のメンバーが必要とされる人であり、同時に責任を持っています。そのようなコミュニティーでは、最高レベルの生活、最大レベルの幸福が得られます（原注1）。個人の貢献は、連帯して働く仲間のネットワークによってさらに大きくなります。コミュニティーを通じて、個人の自己実現が可能になります。

他人と協力することで、自主性と、コミュニティーの一員であるという帰属意識を同時に体験できるのです。

96 透明な競争

やはり人間は競争を好みます。私たちは、いつでも寛容である必要はありません。積極的であったり企業家精神が求められたりすることもあります。勝者と敗者があります。しかし、それはスポーツのように、ルールと透明性の下に行われるべきです。

人間の文明は、公平な環境において競争的な活動を行うことを学びました。現代の裁判、民主主義、市場、科学は、全て競争の性格がありますが(原注2)、その競争は高度に規制された「競技場」で行われます。自由市場は、「何でもあり」ではなく、規則、銀行、貨幣、特許、株式などによって管理されたゲームです。

このような競争の場は、その活動が透明で、公平であれば、全員の長期的な利益につながります。ある人を刑務所に入れて、他の人を入れない理由が説明できなければ、裁判所は正義を実現できません。ある人が情報を得て、他の人が得られないならば、市場は正常に機能しません。結果が公開されて検証できなければ、科学は進歩しません。

透明性は唯一の選択肢です(原注3)。私たちは、互いに隠れたり嘘をついたりできません。そんなことをしても意味がありません。他人にだまされている場合、ある程度はそれに気が付くはずだからです。現代のメディアや機械が不透明で信頼できないならば、真実を知るために他の人と互いに協力する必要があります。

この社会が再び真実に向かって進むようにしたいのであれば、話をでっち上げることをやめなければなりません。

97 未来を作り出す

見通しは暗いと思うかもしれませんが、未来は新しい発明を求めています。

私たちは、未来とはやって来る何かに備えるべきものだと思い込んでいます。企業や政府は、未来が決まりきった現象であるかのように、コンサルタントに依頼して未来の展望を計画しています。彼らにできるのは、今後起こる事態に対して備えることです。

しかし、未来は、私たちが到達するところではなく、私たちが現在の行動によって作り出すものです。たとえば、現時点の天気は、エネルギーや物の消費および廃棄に対する今の私たちの選択に影響されています。

未来は、たとえて言えば、名詞ではなく動詞です。私たちの行動を表しています。したがって、人々が持つ力や過去とのつながりから目をそらせて、人を操るような方向に未来を考えることもできます。これは、人々を歴史からも本当の価値観からも遠ざけてしまいます。

あるいは、未来という概念を前向きに捉えて、時間の経過に応じて、新たな価値観を生み出して伝えていくものだと考えることもできます。これは、物語、美術、音楽、詩の役割です。芸術や文化は、失われた理想の回復、積極的な他人とのつながり、歴史への旅、言葉を超えたコミュニケーション、参加型の社会を作り出すための手段を与えてくれます。

98 チームスポーツ

一つ確かなことがあります。

私たちはそれぞれが別の個人だと思っていますが、本当は生まれる前からつながっていて、互いに共有し、絆で結ばれ、学び合い、悲しみを癒やしているのです（原注4）。私たち人間は、みんな同じ集合的な神経系の一部です（原注5）。これは、宗教的な信念ではなく、最近、受け入れられつつある生物学上の事実です。

私たちは、たとえ一人で行きたいと思っても、一人で前へ進むことはできません。悲しみを癒やす唯一の方法は、誰かとつながりを持つことです。

しかし、別の見方をすれば、ある人が不安を感じたり、混乱したり、凶暴になったり、迫害されたりすれば、他のみんなもそうなる、ということでもあります。一人を見捨てることはできません。そんなことをすれば、目指すところへ他の全員が到達できなくなります。そして、自分が混乱したり気分が滅入ったりしたままであれば、つながっている人々全員が混乱したり滅入ったりします。

これは、チームスポーツなのです。

99 「私はここにいます」

あなたは一人ではありません。私たち人間は誰も孤独ではありません。

隠れるのをやめれば、互いに役に立つことができます。立ち上がって、自分が他の人から見えるようにしなければなりません。自分が不完全だとか、変わり者だとか、未熟だとか思っていたとしても、私たちはチームヒューマンの一員であることを宣言するべきです。

旧約聖書によれば、神から呼ばれたとき、預言者は「ヒネニ」と答えました。これはヘブライ語で「私はここにいます」という意味です。神から呼ばれたときに、人間が「ここにいます」と答えなければならないのはなぜか、について学者たちは長年にわたって論争してきました。神からは自分が見えているはずなのですが……。「ヒネニ」と叫ぶ本当の理由は、自分には準備ができていることを宣言するためです。自分を向上させて、より大きなプロジェクトに参加したいという意欲を示すということです。他人に自分を見つけてもらうために、暗闇に向かって「私はここにいます」と叫ぶのです。

今こそ、人間性の危機に際して立ち上がるべき時です。私たちは決して完全ではありません。しかし、一人ではありません。私たちはチームヒューマンです。

100 仲間を見つける

仲間を見つけましょう。

【14章原注】

1 Merrelyn Emery, "The Current Version of Emery's Open Systems Theory," Systemic Practice and Action Research 13 (2000).

2 Robert Reich, The Common Good (New York: Knopf, 2018).

3 David Brin, The Transparent Society (New York: Perseus, 1998).

4 Dr. Mark Filippi, Somaspace homepage, http://somaspace.org.

5 Stephen W. Porges, The Polyvagal Theory: Neurophysiological Foundations of Emotions, Attachment, Communication, and Self-Regulation (New York: Norton, 2011).

著者紹介

ダグラス・ラシュコフ（Douglas Rushkoff）

1961年生まれ。米国ニューヨーク州在住。第1回の「公共的な知的活動における貢献に対するニール・ポストマン賞」を受賞。『PROGRAM OR BE PROGRAMMED』（日本語版は『ネット社会を生きる10ヵ条』、ボイジャー刊）『MEDIA VIRUS』『PRESENT SHOCK』『THROWING ROCKS AT THE GOOGLE BUS』など多数執筆。『NEXT GENERATION BANK』で『「デジタル分散主義」の時代へ』という論考が翻訳されている。

編集あとがき

日本語版の編集を担当したチームのひとりとして、最後に一文を記しておくことをお許しください。

本書『チームヒューマン』（『TEAM HUMAN』）は、２０２０年5月に発行された『ネット社会を生きる10ヵ条』（『PROGRAM OR BE PROGRAMMED』）と同じ著者ダグラス・ラシュコフの最新作です。初めからこの2作品はなんとか日本の読者へ届けたいと企画していました。さまざまな経緯を乗り越えて本書もまた日本語化の出版に漕ぎ着けることができました。内容を正確に日本語としていくかは、なんといっても一番の課題でした。決して平易な水準ではなく、読むだけでも忍耐を要するところを、いかに柔和にまとめていくか腐心したのです。それは成功したと言えるかどうかご批判をいただきたく思います。力の不足を意識しながらも、前へ進むことができたのは、本書『チームヒューマン』の呼び掛ける言葉の重みを一身に受けてきたからです。

私たちは、デジタルがパーソナルコンピューターという新種の装置として出現し、浸透していく日常の40年を生きた体験者です。デジタルがやってくるまでどう過ごしてきたかはそれぞれでしょう。ただ、私たちは高度に経済成長するその渦中にあり、〝開発〟という名の破壊に与してきたことは事実です。田畑や海を埋め、巨大な橋を架け、ビルの林立へ、とてつもないコンクリートを流し込みました。今を作った張本人だと言われれば、失われた風景を想い言葉がありません。人間でありながら人間的でいられない道のりを強いられた長い時間でした。だからこそ、デジタルに、ネットワークに、期待と救いを願い続けてきたのです。けれどそこに誤りと深い落とし穴のあったことを振り返ります。本書は、すべての人にこの意図された策略の背後を伝えています。人間としてできる誠実の一つは誤りを誤りと受け止めることです。忘れずに持っていた誠実を励まし合い手を握るときです。

日本語版には、本文中に参照画像を入れました。原本にはこれは一切なく、編集上の配慮からあえて採用したものです。翻訳の堺屋七左衛門を中心に、編集担当として古賀弘幸、斉藤圭史そして私、及び装丁の木村真樹が本書『チームヒューマン』のすべてに関わり、協議を経てここに到ったことをお伝え致します。

２０２１年４月25日　萩野正昭

チームヒューマン

発行日　2021年5月25日　第1版
著者　ダグラス・ラシュコフ
発行者　鎌田純子
発行元　株式会社 ボイジャー
〒150-0001 東京都渋谷区神宮前 5−41−14
電話 03-5467-7070
https://www.voyager.co.jp

印刷版:ISBN978-4-86689-108-8
電子版:ISBN978-4-86689-107-1

翻訳　堺屋七左衛門
編集　萩野正昭・古賀弘幸・斉藤圭史
ブックデザイン　木村真樹
印刷／製本　株式会社丸井工文社